地藏菩薩
大願守護主

K s   i   g   a   r   b   h   a

守護我們遠離一切憂愁苦惱。

得到天龍八部的護念，功德日增。

菩提不退，衣食豐足。

疾疫不臨，遠離災障。

無盜賊厄，人人敬愛。

所求皆得，眷屬和樂。

得聰明利根，端正相好。

Ksitigarbha

地藏菩薩

《守護佛菩薩》出版緣起

　　《法華經》中告訴我們，諸佛是因為一大事因緣，而出現在世間。這個大事因緣，就是諸佛幫助眾生開示悟入佛陀的知見，而臻至究竟圓滿成佛。

　　因此，諸佛出現在世間的主要因緣，就是要守護我們，讓我們能夠安住於生活中修持，最後如同他們一樣圓滿成佛。

　　人類可以說是所有六道眾生中，造作行為的主體，因此人間的發展，也影響了天人、阿修羅、餓鬼、畜牲、地獄等其他類別眾生的因緣方向。所以，在佛法中的教化，雖然傳及法界眾生，但最主要還是以人間為中心。

　　因此，佛菩薩們雖然化身為量來度化眾生，但是守護人間還是根本的重點。佛菩薩們守護我們，當然是以法身慧命為主，讓我們能夠開啟智慧，具足大悲心，而圓滿成佛。

　　在修行成佛的過程中，佛菩薩們總是扮演著如同師父、師母、師長的角色來守護、教導我們，甚至會如同兄弟姐妹一般隨身提攜。讓我們不只在遇到災患憂難的時候，能息除災難、增加福德，進而更生起吉祥的喜樂；並且當我們一時忘失修從正法菩提、遠離善友時，也能時時回正守護著我們，讓我們遠離眾惡邪侵，體悟隨順正法，而趣向無上菩提。

其實不管我們生活在任何時間、任何處所、佛菩薩們都永遠的護念著我們、守護著我們，沒有一時一刻忘失我們這些宇宙的浪子。因為守護著人間、守護著我們，正是佛菩薩的大悲心懷，所自然流出的本願。

許多修行人時常提倡要憶念諸佛、修持念佛法門，這實在是最有功德及效能的法門之一。但是如果就真實的現象看來，其實諸佛菩薩是永遠不忘失的憶念著我們，而我們卻時常忘記念佛。

所以，當仔細思惟佛菩薩的願力、慈悲、智慧、福德時，才憶想起我們是多麼幸福，受到那麼多的祝福與護佑。如果能理解到這樣的事實，必然發覺到有無數的佛菩薩，正準備幫助我們脫離苦難而得致喜樂、消除災害、增生福德，並能夠修行正法，具足慈悲、智慧而成就無上菩提。

世間的一切是依因緣而成就，而在法界無數的佛菩薩中，有些是特別與人間有緣的。為了彰顯這些佛菩薩大悲智慧的勝德，也讓大眾能思惟憶念這些與人間有緣的佛菩薩，而感應道交，得到他們的守護。因此，選擇了一系列與人間特別有緣，並具有各種特德，能濟助人間眾生離災、離苦、增福、增慧的佛菩薩，編纂成《守護佛菩薩》系列，讓大眾不只深刻的學習這些佛菩薩的法門，並更容易的受到他們的吉祥守護。

祈願《守護佛菩薩》系列的編纂，能幫助所有的人，能

快樂、吉祥的受到這些佛菩薩的守護。而二十一世紀的人間
也能快速的淨化，成為人間淨土，一切的眾生也能夠如願的
圓滿成佛。

地薩菩薩──序

地藏菩薩是一位悲願特重的菩薩，他在六道中示現，於未來際中救度無量苦難眾生，使之得到解脫安樂的菩薩。他更以「地獄不空，誓不成佛」的大願，廣為世人所熟知。也是佛教徒超荐先靈，作為主尊的大菩薩。

依《地藏十輪經》記載：「安忍不動猶如大地，靜慮深祕猶如祕藏。」所以尊名為地藏。而在密教中，其密號為「悲願金剛」或「與願金剛」，表現了他如大地之厚載，安住法性，深祕不住六道，而廣度眾生的特德。地藏菩薩的偉大悲願與圓滿的行證，是每一位眾生最光明的典範。

地藏菩薩所示現的形像，有戴天冠的在家相，一般以出家相為主，與常現在家形像的觀音、文殊、普賢菩薩的形像稍有不同。

雖然地藏菩薩特別示現以大乘教法為中心，但同時護持聲聞、緣覺等小乘教法的特質，他也特別重視救濟苦難特深的地獄眾生，並提倡孝道，教人如法超荐祖先，教導眾生敬信三寶、深信因果，使中國佛教界對他有著至高的崇仰。

地藏菩薩往昔在忉天時曾受到釋迦牟尼佛的囑付，每日晨朝之時，必須入如恒河沙般眾多的三昧禪定，以觀察眾生的機緣，而予以救度。並在釋迦佛滅度之後，彌勒佛未來之際，二佛之間的無佛世界中，救度教化所有的眾生；所以他

更是現前我們世間的大恩依怙。

《地藏菩薩本願經》〈囑累人天品〉中釋迦牟尼佛曾說：「吾今日在忉利天中，於百千萬億不可說一切諸佛天龍八部大會之中；再以人天諸眾生等未出之界，在火宅中者付囑於汝（地藏菩薩），無令是諸眾生墮惡趣中一日一夜。」

而《地藏十輪經》更說：「此善男子（地藏菩薩）於一一日每晨朝時，為欲成熟諸有情故，入殑伽沙等諸定，從定起已，徧於十方諸佛國土，成熟一切所化有情，隨其所應，利益安樂。」所以，如果我們至心如法的念誦地藏菩薩的名號，必定能獲致無量無邊的利益。

地藏菩薩有廣大不可思議的殊勝功德，而且他自從發心修行以來，已圓滿修習不可思議的無邊密境，更具足了廣大無邊的悲願。經過無量時劫的修行，他的智慧、功德，早已等同諸佛，入於等覺究竟之位，應當早已成佛。但是由於他的悲願高遠，要度盡一切眾生，才成就佛果。因此至今仍舊示現菩薩的相貌，而未成佛，是故被稱為大願王。

稱念地藏菩薩或供養其圖像，不只能離諸憂苦，而且能獲二十八種利益：一、天龍護念。二、善果日增。三、集聖上音。四、菩提不退。五、衣食豐足。六、疾疫不臨。七、離水火災。八、無盜賊厄。九、人見欽敬。十、神鬼助持。十一、女轉男身。十二、為王臣女。十三、端正相好。十四、多生天上。十五、或為帝王。十六、宿智命通。十七、

有求皆從。十八、眷屬歡樂。十九、諸橫銷滅。二十、業道永除。二十一、去處盡通。二十二、夜夢安樂。二十三、先亡離書。二十四、宿福受生。二十五、諸聖讚嘆。二十六、聰明利根。二十七、饒慈愍心。二十八、畢竟成佛。這些都是由於地藏菩薩的廣大悲願功德，及威神力所加持成就。

　　爲了彰顯地藏菩薩的偉大功德，也希望深切仰信地藏菩薩的眾生，能夠隨學於菩薩，迅速得到地藏菩薩的大願教法；因此，我們特別編纂本書，讓大家更完整的體會地藏菩薩的偉大悲願。

　　本書首先讓我們認識地藏菩薩，並描寫他過去的菩薩行，及其住處，接著說明祈請地藏菩薩求護的方法及其感應故事，希望讀者在眞心的修持中，與地藏菩薩相應，得到地藏菩薩的守護。

　　除此之外，書中特選地藏菩薩的重要經典：《地藏菩薩本願經》，並加上註釋，還有其他相關經典的導讀，希望大家能更貼近地藏菩薩的悲願中，受用地藏菩薩的加持護佑。

　　祈願所有的讀者及信仰地藏菩薩的人，眞實地與地藏菩薩相應，在地藏菩薩偉大的悲願中，護佑我們一切吉祥，畢竟成佛。

　　南無　大願地藏菩薩摩訶薩

目　錄

Ksitigarbha

地藏菩薩

廣大悲願的地藏菩薩

第一章　認識地藏菩薩

地藏菩薩以廣大的悲願著稱，能荷擔一切眾生的難行苦行，圓滿一切眾生的心願。

大乘佛教中，十方三世諸佛菩薩的數量雖是無量無盡，但是事實上，成為大多數人信仰對象的，也不是很多。

在菩薩中，普賢菩薩以行願著稱，文殊菩薩以智慧著稱，觀音菩薩以慈悲著稱，虛空藏菩薩以包容著稱，而地藏菩薩則以悲願著稱，以悲願為其特德，亦即地藏菩薩是本願的菩薩，其悲願遠超過其他菩薩。

在《地藏菩薩本願經》中談到地藏菩薩的過去生是一位孝順的婆羅門女以及他普濟六道的本願；在《十方廣十輪經》等也說他是一位具足悲願的菩薩。而且不只在顯教中有如此的記述，在密教經軌裡也有一樣的說法。地藏菩薩在密教金剛界中，是寶生如來的化現，以平等性智為實體，表示福德成就的德用；在密教胎藏界是屬於蓮華部，可看作是阿彌陀佛的化現，以妙觀察智為實體，表示怨親平等的慈悲。

因此，後世甚至產生彌陀、地藏一體的說法（「沙石集」中有彌陀、地藏一體的說法，「諸神本懷集」裡也有法

Ksitigarbha

地藏菩薩

地藏菩薩在金剛界是寶生如來的化現

地藏菩薩在胎藏界是阿彌陀佛的化現

藏、地藏一體的說法）。在密教的金剛界與胎藏界兩部中，地藏菩薩的密號有「與願金剛」、「悲願金剛」、「願滿金剛」等稱呼，由這些名稱可以得知，這正表示他是一位悲願菩薩的意義。

　　在佛教中，由於地藏的悲願廣大，發願入於地獄，利益罪苦眾生，使令解脫，所以常以地藏菩薩作為「大悲一闡提」（表增上菩薩）極善不成佛的例子，是確實有原因的。總之，地藏菩薩在佛教的慈悲與智慧二門中，特為悲門的表徵。

大悲一闡提　一闡提，是指永遠不得成佛的根機。其中又可分為兩類，一是焚燒一切善根，而無法成佛。另一種是菩薩憐愍一切眾生，不忍見到眾生流轉輪迴生死，而發願度盡一切眾生的菩薩，因而無法成佛，亦不入涅槃，而成大悲一闡提。

Ksitigarbha

地藏菩薩

大智文殊菩薩

大行普賢菩薩

大悲觀音菩薩

大願地藏菩薩

四大菩薩

01 關於「地藏」的名號

　　在佛法中，菩薩是依其特德來立名，不像我們一般人的名字，與自身的心行毫無關係。中國熟知的四大菩薩，於其名號都加上一個讚詞，如大智文殊、大行普賢、大悲觀音、大願地藏，由地藏菩薩「大願」的讚詞來看，地藏菩薩的願力是特別深廣的。

　　地藏菩薩的梵名爲「乞叉底蘖婆」（Ksitigarbha）而其中的（ksiti），是 Ksi 轉化而來的，由具有地或住之意是地與大地，也是「地大」。而「蘖婆」（Garbha）是胎藏或含藏、伏藏之意，如金礦、銀礦、煤礦、鐵礦等。於佛法中名爲「藏」，則是指庫藏的意思。

　　「地藏」的含義，從「地」來說；也是四大之一，能擔當一切，一切高山峻嶺，萬事萬物都在地上。所以，以「地」來此喻地藏菩薩的功德，能夠荷擔一切眾生的難行苦行。「地」也有依止義，一切草木皆依地而出生成長。比喻世間一切自利利他功德，依地藏菩薩而存在而引發。

　　地藏菩薩能含藏種種功德，能引生一切功德，荷擔一切難行苦行，救度眾生，所以名之爲地藏。世俗稱爲地藏王，這名稱的由來，也許是因爲地藏比丘爲新羅國王子的因緣，而加「王」字以尊稱之。

Ksitigarbha

地藏菩薩

《八大菩薩曼陀羅經》記載，在金剛界
曼荼羅中，地藏菩薩與金剛幢菩薩同體

忍波羅蜜第一的地藏菩薩

　　由唐朝的不空三藏大師所翻譯的《八大菩薩曼荼羅經》
中舉出，地藏的梵名為「乞灑訶羅惹」（ksaharana）的梵
名。「乞灑」Ksa 是地之意，「訶羅惹」harana 是含攝之意，
可知這也是地藏的梵號。經中並說明地藏菩薩與金剛界曼荼
羅南方寶生如來的四親近菩薩中的金剛幢菩薩同體異名。

　　在空海大師的《最勝王經》中也開宗明義地記載：「據
金剛頂經，妙幢、虛空並是寶部尊。此部寶生為王。（……
中略）妙幢，地藏異名。」都是同一說法。

　　這是因為金剛幢菩薩在金剛界曼荼羅中，位於寶生如來
的西方，具足大悲方便功德，為了表徵證得是為菩提的因地
菩薩，所以被視為與萬法能生之體的地藏菩薩同體。

　　《地藏十輪經》中有一句描述地藏菩薩的偈子，非常的
貼切：「安忍不動猶如大地，靜慮深祕猶如祕藏。」地藏菩
薩的忍波羅蜜第一，所以安忍不動如大地，猶如大地能夠承
載一切眾生的種種罪業，了知一切生命的法要，所以尊名為
「地藏」。

　　另外經中又記載：「此善男子（即地藏菩薩）成就如是
不思議功德伏藏。」又記載：「能發堅固大悲伏藏，滿一切
眾生心願。」地輪的堅固不壞，又能維持萬物不使傾動，以
此來比擬地藏菩薩堅固的菩提心；如大地伏藏無量珍寶，又
含藏一切種子不使朽壞，比喻地藏菩薩能保持法界眾生的善
根種子，為了眾生而受眾苦，經無量劫而不灰心。尤其他是

Ksitigarbha

地藏菩薩

地藏菩薩能堅固大悲伏藏，滿一切眾生心願

地獄救苦的菩薩，和焰摩同體，都和大地有關係。

　　自古以來，天覆地載的思想賦予地德的，是堅固不壞的德用和無邊廣大的勢力以及生育萬物的功德，而地藏菩薩的內證外用也不出於此。

　　當然，有虛空藏、天藏、月藏、日藏、梵藏等菩薩名字的地方，一定可以看到地藏的名字。假若將地藏菩薩拿來和古代印度神話作聯想的話，梨俱吠陀的比里底毗（Prthivī），在密教就是地神（持地神），指堅牢地神。

　　在《地藏菩薩本願經》中，列舉了大地的各種現象以及堅牢地神，後世密教中，會有地神與地藏一體之說並不是偶然的。

Ksitigarbha

地藏菩薩

錫杖　錫杖
白毫相　白毫相
寶珠　寶珠

地藏菩薩的沙門形像（左手
持寶珠，右手執錫杖）

地藏菩薩左手執蓮花，台上有
寶印，右手揚掌，半跏趺坐

各種形像的地藏菩薩（一）

02 關於地藏菩薩的形像

　　佛菩薩的造像，在不同的國度、不同的時代都會呈現出不同的樣貌，相應於各種因緣的不同，而以最恰當的樣態示現。同樣的佛像，在同一個國家中，也會依不同的時代而產生不同的造像。

　　在中國，從唐代、魏晉南北朝一直到現代，造像上產生很多的樣貌，如果要確定哪一尊才是真正的本尊，實在很難確定。

　　每一尊佛菩薩雖然都是無我的，但是，佛菩薩會為了使那個時代的眾生感受到他的威力，而展現出特殊的樣貌。

比丘形像

　　一切大菩薩，如觀世音菩薩，在此世界示現度生，所現皆是在家相，如現白衣大士，或現天人等相，而文殊師利菩薩示現童子相，普賢菩薩則示現在家相，唯有地藏菩薩除示現菩薩形像外，還示現出家相。

　　《大方廣十輪經》等經典中，則記載地藏菩薩作沙門形。

　　然而一般流傳的地藏菩薩大都外現比丘形像，左手持寶珠，右手執錫杖，或坐或立於千葉青蓮花上的形像。像在

Ksitigarbha

地藏菩薩

地藏菩薩的菩薩形相

地藏菩薩在胎藏界曼荼
羅中的形像（菩薩形）
各種形像的地藏菩薩（二）

《別尊雜記》第二十八及《覺禪鈔》中舉出地藏菩薩爲比丘形，左手持寶珠，右手作與願印，右腳垂下，坐於蓮上，或在雲中的圖像，這樣的造像可稱之爲智眾泉之像。

像在《不空羂索神變真言經》第九「廣大解說曼拏羅品」記載：「地藏菩薩左手執蓮花，台上有寶印，右手揚掌，半跏趺坐。」

菩薩形像

在《大日經》等經典中記載地藏菩薩的造像作菩薩形像（即在家相），以寶冠瓔珞莊嚴。

地藏菩薩是胎藏界曼荼羅中地藏院的主尊，呈菩薩形，身肉色，左手持安有如意寶幢的蓮花，右手執寶珠，面稍向左，坐於赤蓮花上。

在密教的胎藏圖像所畫的地藏圖像是左手執蓮花，蓮花上豎著寶幡，右手作施無畏印，坐於蓮花座上。又，胎藏舊圖樣是安置於第三院門內，左手持寶珠，右手執寶劍，有二侍者隨侍。在《大日經》「第三轉字輪曼荼羅行品」說：「夜叉方地藏菩薩色如鉢孕遇華，手持蓮花，以諸瓔珞莊嚴。」

《八大菩薩曼荼羅經》記載：「頭冠瓔珞，面貌熙怡，寂靜愍念一切有情。左手安臍下，托鉢，右手覆掌，令掌向下，大指捻頭指，作安慰一切有情相。」

Ksitigarbha

地藏菩薩

地藏十王圖

地藏十王圖

在各地地藏的收藏品上，近年於敦煌千佛洞由伯希和發現，目前收藏於法國巴黎的東方（Guimet）博物館的地藏十王圖中，中央是地藏菩薩坐蓮花上，右手執錫杖，左手作施無畏印，又由圖右側上方向下順次繪出秦廣王乃至閻羅王等五王，由左側下方向上畫變成王至五道轉輪王等五王。中尊下方並畫有金毛獅子、明和尚、趙判官、崔判官、王判官、宋判官，有太平興國八年造立的銘文。史坦因所蒐集的地藏十王圖，其構想也大略相同。

我們看到地藏菩薩的各種形像，其實，莊嚴圓滿的身相常常會讓見者歡喜，而經典中也記載著很多修行人因為看到佛菩薩的莊嚴法相後，發願跟他一樣。

地藏菩薩的過去生也有一個這樣的故事：當時地藏菩薩為長者之子，因其夙具慧根，因此具足因緣，而前往參禮師子奮迅具萬行如來，見到如來具足三十二相八十種好的千福莊嚴，而發心要修習如同佛陀的大悲福德。

三十二相 又名三十二大人相，一足安平、二足千輻輪、三手指纖長、四手足柔軟、五手足縵網、六足跟圓滿、七足趺高好、八腨如鹿王、九手長過膝、十馬陰藏、十一身縱廣、十二毛孔青色、十三身毛上靡、十四身金光、十五常光一丈、十六皮膚細滑、十七七處平滿、十八兩腋滿、十九身如師子、二十身端直、二十一肩圓滿、二十二口四十齒、二十三齒白齊密、二十四四牙白淨、二十五頰車如師子、二十六咽中津液得上味、二十七廣長舌、二十八梵音深遠、二十九眼色紺青、三十睫如牛王、三十一眉間白毫、三十二頂成肉髻。

Ksitigarbha
地藏菩薩

六地藏名稱，大都源於《大日經疏》卷五胎藏界地藏院九尊中的六上首

所化道	（覺禪鈔）地藏名 （左、右持物或手印）	（十王經）地藏別稱 （左、右持物或手印）
天道	大堅固地藏 （寶珠、經）	預天賀地藏 （如意珠、說法印）
人道	大清淨地藏 （寶珠、施無畏印）	放光王地藏 （錫仗、與願印）
修羅道	清淨無垢地藏 （寶珠、梵篋）	金剛幢地藏 （金剛鐘、施無畏）
畜生道	大光明地藏 （寶珠、如意）	金剛悲地藏 （錫仗、引接印）
餓鬼道	大德清淨地藏 （寶珠、與願印）	金剛寶地藏 （寶珠、甘露印）
地獄道	大定智悲地藏 （錫仗、寶珠）	金剛願地藏 （閻摩幢、成辦印）

03 六道地藏

　　地藏菩薩成就了不可計量的不可思議功德福藏，而且他在六道均有不可思議的教化，這就是所謂的「六地藏」——渡化六道眾生的地藏菩薩。

　　「六地藏」的名稱也是依於娑婆世界有六道眾生的因緣而說的，他方世界或有七道、四道不等，地藏菩薩也會依他方世界的相應因緣而有不同的示現應化。

　　依《覺禪鈔》卷下所列舉為：第一個是大堅固地藏，第二個是大清淨地藏，第三個是清淨無垢地藏，第四個是大光明地藏，第五個是大德清淨地藏，第六個是大定智悲地藏。

　　六地藏的名稱，各輕軌所記載的也不大相同，但是大體而言，都是源於《大日經疏》卷五胎藏界地藏院九尊中的六上首，即：地藏、寶處、寶掌、持地、寶印手、堅固意。

　　六地藏的信仰，於日本甚為流行。左表為《覺禪鈔》地藏卷下及《地藏菩薩發心因緣十王經》所列舉的六地藏：

　　六地藏中的大堅固地藏能夠化除天道眾生的所有災難。

　　在天道生存的眾生就是天人，天人有五衰的現象，也有死亡的情形。平常的天人，因為福德的關係，他們光明很大，所以整個身體就是花蔓圍生，很莊嚴自在。但是等到天人將要死亡時，就會現起「五衰」的現象，他們的花蔓開始

■ 天人五衰

　　天人五衰是住在天界的天神，當他們福報將盡，臨命終時，所現出的五種衰相。

　　在《大毗婆沙論》卷七十中則舉出小五衰、大五衰的說法，天上諸天人在將命終時，先有五種小衰相現起，接著又有五種大衰相現起。小五衰相現起時，不一定當死，但大五衰相現，必定當死。小五衰相是：

　　一、衣服莊嚴具皆不出聲：因為諸天人在往來轉動時，莊嚴的身體會具出五樂的音聲。但是在即將命終時，這些樂音就消失了。

　　二、自身光明忽然變得昧劣暗淡：諸天的身光赫弈，晝夜恒照。但是將臨命終時，身光變得昏昧暗淡。

　　三、在沐浴後水滴會著身：諸天人的皮膚十分的細微，所以沐浴後，水不會黏著在身上，但將命終時，水便會著身。

　　四、六根囂馳活潑，現在呆滯一境：諸天人的種境界都是十分的殊妙，諸根宛如旋火輪，十分活潑，從不暫住，但將命終時，諸根會呆滯專著於一境。

　　五、眼本凝寂，現在常常瞬動不定：諸天人的身力強盛，所以眼睛凝寂不會瞬動。但將臨命終時，由於身力虛劣，眼睛便常瞬動不定。

　　而天人的大五衰相則是：第一：十分清淨的衣服，現在開始有了垢穢。第二：頂上所戴的寶冠，本來十分的光鮮，而現在開始枯萎。第三：兩腋之下忽然流汗。第四：香潔的身體開始發臭。第五：心中不定不樂於本來所坐的本座。

凋萎了，本來不錯的定力，卻開始不安定，整個身體的光明日漸衰微，身體也開始消瘦，本來能發出香氣的身體，這時開始散發出臭味，這就是天人五衰。

　　所以大堅固地藏菩薩可以幫助天人除掉五衰，幫助天人成就的。在此我們也可以了解，地藏菩薩不僅是一般觀念中的渡化地獄道眾生而已，他也廣度其他道的眾生。

　　再來是大清淨地藏，他能化除人間的所有苦惱，幫助人道眾生，這是地藏菩薩在人間的一種化現。

　　而清淨無垢地藏則是幫助阿修羅道，渡化阿修羅道的眾生。

　　大光明地藏則是以如意及寶珠來幫助畜生，使畜生能夠得到解脫。

　　大德清淨地藏是化除餓鬼道的貪執。

　　再來是大定智悲地藏，是渡化地獄道眾生。

　　這是六道地藏。

　　此外，化現的地藏菩薩有六菩薩的說法。一、檀陀地藏，為地獄道眾生的化生，手持手頭幢。二、寶珠地藏，為餓鬼道眾生的怙主，手持寶珠。三、寶印地藏，為度脫畜牲道的化主，手結如意寶印手者。四、持地地藏，為修羅道的化主，能持大地擁護修羅。五、除蓋障地藏，為人道眾生的依怙，能為人除去八苦的障難。六、日光地藏，為天道眾生的化主，能照除天人五衰之相，而除其苦惱。

Ksitigarbha

地藏菩薩

六地藏像（京都　上品蓮台寺）

　　此六地藏化現在六道眾生中，變脫諸趣眾生的苦難；這
全部都是由地藏菩薩大願的力量所化現的。

Ksitigarbha

地藏菩薩

地藏菩薩悲願救度的特德，令眾生所求皆應

04 地藏菩薩的特德

其實地藏菩薩的功德與諸佛平等，因此，敬信地藏菩薩的功德，是非常不可思議。

如《地藏十輪經》中記載：「諸大菩薩所，於百劫中至心皈依，稱名念誦，禮拜供養，求諸所願，不如有人於一食頃，至心皈依稱名念誦禮拜供養地藏菩薩，求諸所願，悉得滿足。（中略）如如意寶，亦如伏藏。」其白話是：若能至誠皈依文殊、彌勒等諸大菩薩，誦稱其名號，禮拜供養，祈求自己的心願，如求取健康、求得長壽、求取財富，或祈求斷除煩惱等。於一百劫中祈求諸大菩薩，還不如有人於一頓飯的時間（指短期間）至心皈依地藏菩薩，稱名念誦菩薩名號，虔誠敬禮地藏菩薩的功德極大，若有所祈求，皆能圓滿達成其願望。「如意寶」即摩尼珠，此寶能出生一切，所求皆能滿足。地藏菩薩的悲願救度，令眾生所求皆應。又如窮人忽得伏藏，立刻成為大富，一切滿足。若眾生有種種艱苦，不得自在，修行地藏法門，則能滿足一切心願。

此外，依《地藏十輪經》說，地藏菩薩如觀世音菩薩一樣，於十方世界現種種身、說種種法，令眾生離種種困苦，皆得滿足。

如《占察善惡業報經》說：「發心以來，過無量無邊不

Ksitigarbha

地藏菩薩

若祈願農作物豐收，地藏菩薩亦能滿足所求

可思議阿僧祇劫，久已能度薩婆若海，功德滿足，但依本願自在力故，權巧現化，影應十方。」據經文的記載，地藏菩薩發心修行以來，已經很久──無量無邊不可思議阿僧祇劫了。他的功德智慧與佛陀一樣，「薩婆若」即是一切智（佛智）。薩婆若海，是形容佛陀的大覺悟大智慧如同大海一樣的深廣。

　　地藏菩薩於無量無邊劫，早已到達了佛陀的智慧海，功德圓滿具足，但菩薩發願度盡一切眾生，所以隱藏其真實功德，以本願力，自在神通力，到處現身說法，救度人天。

　　此外，地藏菩薩還有一項特殊功德，也是從地藏的名義而來，如《地藏十輪經》中說：「能令大地一切草木、（中略）花果，皆悉生長。」這是特別針對農人們，若是希望農作物豐收，地藏菩薩亦能滿足其所祈求，增長一切花草樹木，一切於地上生長的，皆得豐碩的收成。

　　而且於未來、現在的世界之中，即使是天人受用天福已盡，而有天人五衰的相現起，或是將要墮入惡道，這些天人，不管是男、是女，當衰相現起的時候，如果見到地藏菩薩的形象，或聽聞地藏菩薩的名號，即使是只有一個瞻仰、一個禮拜，這些天人的天福都會轉增，而且受用大喜樂，得到永不墮入三惡道的果報。何況是見聞菩薩之後，用各種香華、衣服、飲食、寶貝、瓔珞來布施供養，所獲得的功德福利，更是無量無邊。

Ksitigarbha

地藏菩薩

稱念或供養地藏菩薩法相，能遠離憂苦，獲得二十八種利益

又《地藏十輪經》記載：「此善男子於一一日每晨朝時，為欲成熟諸有情故，入殑伽沙等諸定，從定起已，徧於十方諸佛國土，成熟一切所化有情，隨其所應，利益安樂。」

任何眾生如果至心如法的念誦地藏菩薩的名號，可獲致無邊的利益。地藏菩薩有無量不可思議的殊勝功德，他自從發心修行以來，已修過了不可思議的功德，及廣大無邊的悲願，也經過無量數劫，其智慧、功德，早已與佛相同，入於等覺之位，應該早已成佛。但是由於他的悲願高遠，要度盡一切眾生，方成佛果，所以示現菩薩之相，而沒有成佛。

稱念地藏菩薩或供養地藏菩薩的法相，不只能離諸憂苦，而且能獲得二十八種利益：一、天龍護念。二、善果日增。三、集聖上因。四、菩提不退。五、衣食豐足。六、疾疫不臨。七、離水火災。八、無盜賊厄。九、人見欽敬。十、神鬼助持。十一、女轉男身。十二、為王臣女。十三、端正相好。十四、多生天上。十五、或為帝王。十六、宿智命通。十七、有求皆從。十八、眷屬歡樂。十九、諸橫銷滅。二十、業道永除。二十一、去處盡通。二十二、夜夢安樂。二十三、先亡離苦。二十四、宿福受生。二十五、諸聖讚嘆。二十六、聰明利根。二十七、饒慈愍心。二十八、畢竟成佛。

還有，一般我們祈請身體康健，大都修持藥師佛，殊不

Ksitigarbha

地藏菩薩

地藏菩薩具有大妙藥的功德，能令眾生增長精氣、增進健康

知地藏菩薩的藥到病除，亦是其功德之一。

　　如《須彌藏經》說：「汝今能於一切眾生，能為大藥，如大妙藥。何以故？汝身即是微妙大藥。」古代的藥，主要是生於地上的草、木及礦物。故地藏菩薩功德，如藥師佛一樣，但他不是大醫王，而是大妙藥，是能令眾生增長精氣、增進健康、祛除疾病的大良方。若能見得菩薩，親近菩薩，一切病——身病、心病、生死煩惱病皆能去除，一切功德皆具足。

　　最後就是我們很熟悉的，依《地藏菩薩本願功德經》記載：「地獄未空，誓不成佛」了。依《地藏菩薩本願經》記載：地藏本願誓欲度盡地獄眾生。眾生之中遭受極大苦惱者，莫過於地獄的眾生，菩薩特別發起大願，加以救濟解脫極苦的地獄眾生。

　　地藏菩薩不僅將地獄的苦惱眾生拔救出來，更積極地令眾生不墮地獄。

　　所以地藏菩薩的法門，特重於如何使人不墮於惡道。不作重惡業，不墮落地獄，當然最好，但那已作了墮地獄的重惡業眾生，或在臨命終時將要墮落的眾生，如何能在緊要關頭的時刻救濟他們？如果已墮地獄的，又將如何救度他？病人病重將死時，或者已死，那時如惡業已造成了，善業又來不及作，這將如何救度？

　　在《地藏菩薩本願經》所記述的，就是特別著重於此類

Ksitigarbha

地藏菩薩

地藏菩薩受佛陀付囑，無令諸眾生墮入惡趣

法門的修持。

　　此外，地藏菩薩在忉利天時曾受釋迦牟尼佛的囑付，每日晨朝之時，必須入如恒河沙般多的三昧禪定，觀察眾生的機緣。在釋迦佛滅度之後，彌勒佛未來之際；二佛中間的無佛世界，救度教化六道眾生；所以地藏菩薩更是我們當前世間的大恩依怙。

　　《地藏菩薩本願經》「囑累人天品」中佛陀告訴地藏說：「吾今日在忉利天中，於百千萬億不可說不可說一切諸佛天龍八部大會之中；再以人天諸眾生等未出之界，在火宅中者付囑於汝，無令是諸眾生墮惡趣中一日一夜。」

　　地藏菩薩在釋迦佛法會中，受佛陀付囑：於佛陀滅後於未法時代，由於眾生根鈍，煩惱深重，修行悟證者少，墮落者多，地藏菩薩於無邊劫中發大願。在佛陀跟前擔負此責任，發願於穢惡世界救度眾生，地藏菩薩的願力著實甚為難得稀有！

Ksitigarbha

地藏菩薩

地藏菩薩（宋朝大理國張勝溫畫梵像）

05 關於地藏菩薩的信仰

　　地藏菩薩信仰的興起，屬於比較後期，和觀音菩薩信仰並列流傳於西域、中國、朝鮮、日本，於民間信仰中佔有優越的地位。

印度的流傳情形

　　關於地藏菩薩的信仰在印度的流傳情形，諸說紛紜。按：梵語經題為「（Aîrya-）kstigarbhasûtra」（《（聖）地藏經》）的經典中《大乘集菩薩學論》中數度被引用，而且，梵文《十地經》（Dasabhuîmiîkasuîtra）與其他經典中也載有地藏菩薩，由此可推知最遲六、七世紀以後，地藏菩薩已為印度人所信仰。但信仰的情形，不如近代中日佛教界熱烈。而且，印度的四大菩薩（觀音、文殊、彌勒、普賢）中，也沒有列地藏菩薩。

中國的流傳情形

　　依據北涼失譯的《地藏十輪經》及梁朝的畫像，可以證明中國的地藏菩薩信仰起於六朝，盛行在隋唐以後。

　　地藏菩薩在中國受到很大的崇仰，這與中國人對於死亡後的世界觀與祖先的安土重遷和崇拜有很大的關係，地藏菩

Ksitigarbha

地藏菩薩

延命地藏菩薩

薩提供了很有力的保護，另外是地藏菩薩化現於中國，即所謂的金喬覺，變成中國人心目中很尊敬崇仰的佛菩薩之一。

　　而且在隋代僧信行以地藏菩薩信仰爲中心，建立了三階教。又，沙門藏川也曾混合道教的十王思想，而撰《閻羅王授記四眾逆修生七往生淨土經》等以弘揚地藏菩薩的信仰。

　　明代以後，依據《地藏菩薩本願經》而有的信仰愈爲流行，該經曾被稱爲佛門的孝經。地藏菩薩被中國人信仰的程度，也更爲提高。一直到今日的台灣佛教界，其氣勢仍然沒有衰退。

日本的流傳情形

　　日本的地藏菩薩信仰是起於奈良朝，於平安朝時隨著密教的傳播而流行，從源平時代開始，漸漸成爲武將間的信仰，尤其在北條足利時代盛行至極，清盛、賴朝、時賴、尊氏等相繼崇信之。進入德川時代，呈現開發出二十四個名剎朝山的盛況。

　　而依據地藏信仰的僞經亦曾經流行，從平安末期至鎌倉初期左右，《延命地藏菩薩經》、《地藏菩薩發心因緣十王經》等陸續問世。另外，各種相關文學作品及靈驗譚也在庶民之間流傳。

　　日本的地藏信仰盛行與「賽之河原」思想結合，假託爲空也上人所撰的《西院河原地藏和讚》即非常有名。

Ksitigarbha

地藏菩薩

日本的水子供養（長谷寺）

到了江戶時代，出現了作爲兒童守護神的地藏佛像，主要在護佑生產平安與育子順利，而六地藏巡行、地藏盆、地藏流、地藏講等活動更融入於日常生活中。

到現代，又與水子（嬰靈）供養、交通安全相結合，以民間信仰的姿態而受人矚目，其民間佛教信仰相當堅固。

Ksitigarbha

地藏菩薩

發起偉大誓願的地藏菩薩

第二章　地藏過去生的菩薩行

地藏菩薩發起了：「地獄不空，誓不成佛！」的誓願，要永遠救度罪苦的眾生。

每一位佛菩薩過去生的本緣或是本生，在經典裡面都會出現，這是記載佛菩薩在過去生修行的因緣。由於釋迦牟尼佛在娑婆世界成佛，因此他的本緣的記載相當清楚，其他人在這個因緣中便成為配角。所以將來當地藏菩薩成佛時，關於地藏菩薩的記載自然會很多，在此他便成為主角。

我們從經典中看到地藏菩薩過去生的故事：地藏菩薩在過去久遠劫曾經是一位國王，他國家的人民常常製造很多的惡業，所以他發願度盡罪業的眾生，等他們都成證菩提之後，他才要成佛。

還有一個很有名的故事，就是描述地藏菩薩在過去久遠劫時曾為婆羅門女，因為婆羅門女的母親做了很多惡事，因此墮入於地獄當中受苦。婆羅門女為了救度她的母親，於是**她發願要度化墮苦眾生**，直到眾生成佛時，她才要成就正等正覺。

Ksitigarbha

地藏菩薩

■ 盂蘭盆節的由來

中國的民間一直傳說，農曆七月二十九或七月三十日是地藏王菩薩的生日，也把七月當作鬼月來看待，其實這是一種誤解。

在這裡稍微解釋一下：七月十五日是盂蘭盆會，盂蘭盆會的產生跟地藏菩薩沒有什麼關係。但是現在我們七月的鬼月，事實上是把目犍連跟地藏有一點混在一起，目犍連就是目連，由於有「目連救母」的故事，而地藏菩薩亦有救母的因緣。所以把兩者混淆，而造成中國現在的「中元普渡」。

其實七月本來不是鬼節，這緣起要先從「結夏安居」說起。在印度五、六、七三個月是雨季，在這季節，出家眾沒有辦法出去托鉢，而且在這段時間，毒蛇、毒虫很多。因此在此時期僧眾沒有出去托鉢，而住在精舍裡面專心修持，叫做「結夏安居」。

到七月十五日時「結夏安居」圓滿，也在此日，證得阿羅漢的人最多，又因為阿羅漢是大福田，大家當然希望在這時候供養他，也能具足福報。（這是齋僧大會的緣起）。

而盂蘭盆節的由來，是因為目連救母的關係。目連雖然是神通第一，但他的母親的罪業太重，他沒有辦法幫助他的母親脫離餓鬼道。

於是，目連就去請教佛陀，佛陀告訴他：「你要在七月十五日供養僧眾，因為這些僧眾中，很多都是已經證得阿羅漢的果位，你在此時供養他們，透過這些大阿羅漢功德的集體力量，來幫助你母親解除苦惱。」所以目連就在那時候供養僧眾來救助母親，這就是所謂的「目連救母」的故事。

「目連救母」是在七月十五日，結果到最後引申變成救鬼，這就是盂蘭盆節的由來。

此外，地藏菩薩過去生之一：光目女的故事，地藏菩薩也就是此生發起「地獄不空，誓不成佛」的偉大願望。大願地藏菩薩，其大願眞是不可思議。

Ksitigarbha

地藏菩薩

地藏菩薩過去生為國王時曾發願：如果罪苦眾生，
無法得到安樂圓證無上菩提時，他就不願成佛

01 地藏菩薩的過去生之一 —— 國王

　　在這宇宙中，不知生起又幻滅了多少次數的時劫之前，有兩位賢明的國王，他們的國土雖然不大，但是他們都專心的教化著百姓，並治理國政，而且他們都是一心淳向佛道的偉大菩薩。他們一直施行著不殺生、不偷盜、不邪淫、不妄語、不兩舌、不惡口、不綺語、不貪、不瞋、不痴等十善的行為，來饒益眾生。

　　但是，這兩國之中，有一個國家的人民，卻老是喜歡造惡做壞事，讓國王苦惱不已。

　　於是，這兩位國王，便密商計議，想盡各種方法，來改善這樣的情況。

　　最後，一位國王發願說：「我希望早日成佛，度盡這些為非作歹的眾生，使他們都能圓滿解脫。」

　　另一位國王也在悲心的趣使之下發願：「我期望救度一切眾生，如果這些罪苦眾生，無法得到安樂並圓證無上菩提的話，我就不願意成佛。」

　　雖然這兩位菩薩國王的行徑不同，但是他們都是具足著大悲大智的菩薩。後來，發願早成佛道的國王，就出家修行，最後終於圓成佛果，號為一切智成就如來，具有著如來十號，當時佛陀的壽命共有六萬劫。

如來十號　如來的十種名號為：如來、應供、正遍知、明行具足、善逝、世間解、無上士、調御丈夫、天人師、佛世尊等十種名號。

Ksitigarbha

地藏菩薩

發願永遠救度罪苦眾生的地藏菩薩

　　而另一位國王發願要永遠救度罪苦眾生，而沒有發願成
佛的大悲菩薩，就是偉大的地藏王菩薩摩訶薩。

Ksitigarbha

地藏菩薩

地藏菩薩的過去生曾為婆羅門聖女，發願救度母親

地藏菩薩的過去生之二──婆羅門聖女

　　在不可思議阿僧祇劫以前的時代，此世地藏菩薩爲婆羅門的聖女，正生處於覺華自在王如來的時代，這一位佛陀的壽命非常的長遠，有四百千萬億阿僧祇劫。

　　雖然佛壽是那麼的長遠，但是聖女出世時，覺華定自王如來已經涅槃了。這時已進入這一位佛陀的像法時期。

　　雖然，婆羅門聖女的宿福深厚，爲眾人所欽敬，但是，她仍然無法改變她母親的邪知、邪見、輕視三寶，廣造不善惡業的行爲。

　　這一天，婆羅門聖女來向母親請安問好

　　「母親！今天天氣很舒服，我們一起到佛寺中禮佛，並觀賞風景吧！」

　　「女兒啊！妳眞是孝順啊！但是我今天很忙，改天再去吧！」

　　每次聖女要帶母親前往佛寺禮佛，她總是以各種藉口推托不前，卻喜歡與隔鄰的婦女們串門子。

　　如果碰到供齋僧的事，或有比丘僧前來乞食，婆羅門女總是欣喜雀躍，將自己平常儉省的財物來供施。然而她的母親不知道從哪兒聽來的邪理，就嘀咕著說見到三寶僧眾是多麼不吉利的事。不只不去供養，甚至口造惡業，把前來的僧

像法時期　所謂像法是佛法分期的一種方式，將一個佛陀住世的時期，分為正法、像法、末法三個時期。

　　所謂正法時期，是具足教義、實踐、證悟三者的時期。

　　在正法之後，進入像法時期，所謂「像」就是相似之義，雖然與正法類似，有教義、實踐，但卻沒有證果的人。

　　而末法時期則是像法之後，是僅存教法，卻沒有實踐與證悟者的佛法衰退時期。

Ksitigarbha

地藏菩薩

婆羅門聖女在覺華定自在王如來的佛塔寺院舉行
廣大供養，來尋找母親投生的因緣與救度的方法

眾，罵得十分難堪。

因此，婆羅門聖女總是想著各種方便善巧，來勸說她的母親敬信三寶，使她心生正見。

但是，她的母親往往嘆口氣說：「好吧！看在妳的孝心上，有一天我總會敬信三寶的，但現在因緣還沒有到啊！等到我老了再來談佛法吧！否則會讓別人笑話的。」

日子就這樣一天又一天的過去了，生命無常，不久之後聖女的母親就命終了。

由於聖女的母親在生前，不只邪知邪見，還造下了極重的惡業，死後竟然墮入了無間阿鼻地獄之中，受苦無間。

為了救度親娘的聖女，變賣家中的田宅，廣求無數的香華以及各種的供具，來到供奉覺華定自在王如來的佛塔寺院之中，舉行廣大供養，祈望以這樣的福德因緣，來尋找母親投生的因緣與救度的方法。

當她到寺中，看到覺華定自在王如來的形像，威容端嚴，非常圓滿，聖女不禁倍生敬仰，心中憶念道：「名為大覺的佛陀，具足一切智慧。假若佛陀在世之時，當我母親死後，倘若我前來問佛，必定能夠知道她投生的處所。」

聖女的心中想念著母親，憶念著佛陀在一心寂念之中，忽然空中發出了妙聲，「哭泣的聖女啊！不要如此哀傷，我現在示現妳母親投生的地方吧！」

婆羅門女合掌向空中問道：「請問是何等的天神大德，

阿鼻地獄　「阿鼻地獄」就是「無間地獄」，無間就是沒有間隙，主要有三個無間：一是空間無間，一是時間無間，一是受苦無間。

在「阿鼻地獄」裡面，「空間無間」是整個地獄就是你一個人，沒有很多人陪你一起受苦，你佔據一切空間，但這空間無限，全部都是你。

「時間無間」：它整個時間沒有斷、沒有間隙，一直連續受苦。

「受苦無間」就是你在這無間地獄裡面，因為過去做惡的關係，潛意識就會給自己受苦，會想像刀劍怎麼一刀、一劍地刮你的身體，把你一塊一塊粉碎，整個身體被粉碎完之後，風一吹又好了，又馬上再來一次，那是一個「無量」。你受無量的痛苦，而且受苦的時間都沒有間隙，所以叫無間地獄。

■ 幫助餓鬼道眾生解除障礙──放焰口

放焰口就是用諸佛菩薩的威德力以及阿羅漢的福德力，把甘露水灑到餓鬼嘴裡面，把火消除了，他因此才能吃東西（餓鬼道眾生一看到水就是血，東西一吃下去就是火炭，根本吃不下去）。

在放焰口時，是把米一粒粒遍十方的彈起來，觀想變成像金剛山一樣大，使每個餓鬼道眾生都吃的很飽，所以放焰口可以說是大請客。而這「大請客」的意義，事實上是要幫助餓鬼解脫的。

發展到中元普渡，純粹變成大請客，到最後則轉換變成鬼月、鬼節以及鬼聚集的時期。因為我們養成這種風俗習慣之後，每到那個月份鬼也會聚集而來，現在這種習慣已經養成了，所以說七月的時候自然鬼很多，這是與人間互動的結果。

放焰口本來是幫助餓鬼道眾生解脫的，後來發展成「大請客」，當然鬼就來聚集，這時七月就變成鬼節了。

慈悲的讓我解除憂慮呢？自從我母親逝去之後，我日夜思念她，也沒地方可以詢問母親投生的地方。」

「聖女啊，我並非任何的神德，而是妳所瞻禮、已經圓寂涅槃的過去佛——覺華定自在王如來。由於感念妳的孝心，所以特別示現來告訴妳，妳母親的生處啊！」空中的清淨梵音宣說著。

聖女聽了之後，竟然驚喜的昏倒在地上，不知經過了多少時間，她才慢慢甦醒。她雙手合十，一心頂禮，向空中祈請說：「佛陀啊！我現在心急如焚，願您慈愍，趕緊宣說我母親所投生的世界吧！」

「聖女！不要耽心，妳必然能得知妳母親的投生之處，只要妳端坐思惟我的名號，就能夠了知妳母親所投生的地方了。」

聖女喜出望外，立即頂禮佛陀，供養完畢之後，就立即返身回家。她心中先清明專注的憶念母親，心中向佛陀祈願，希望知道母親投生到哪裡去，接著端坐憶念著覺華定自在王如來，一心持誦著佛陀的名號。

聖女一心不亂的念誦著佛陀的名號，一天一夜快速的過去了，她突然見到自己在一座大海海邊。

這大海的海水上湧沸騰，冒著大量的水泡。而且還有各種以鐵為身的惡獸，牠們飛走在海上，快速的疾馳追逐。百千萬數的男子與女人，載浮載沈的出沒在大海之中，被這些

Ksitigarbha

地藏菩薩

■ 大鐵圍山

　　鐵圍山（Cakrauādaparaaxa）又稱 為鐵輪圍山、金剛鐵圍山或金剛山。在佛教的世界觀中，以須彌山為中心，其週圍有七山八海的圍繞，最外側的山由鐵所成，所以名為鐵圍山。

　　須彌山（Suneru-parnata），傳說是位於世界中央的高山，又稱為妙高山或妙光山。

　　這座山的周圍繞有七座金山，在七金山與須彌山中有七座海，充滿八功德水。七金山外則隔著鹹海，有鐵圍山圍繞，鹹海中有東弗婆提（又稱勝身）洲、南閻浮提（又稱瞻部）洲、西瞿耶尼（又稱牛賀）洲、北鬱單越（又稱俱盧）洲等四大洲，這就是所謂的須彌四洲。而我們則居於南閻浮提洲。

　　而在鐵圍山之外，又有一重大鐵圍山圍繞，在二山之中，十分的黑暗，沒有光明，就是日月有著極大的威力，也不能以光明照及於此。而在兩座鐵圍山間，有著八大地獄。

惡獸們爭相噉食。

聖女看到這些情景，不禁淚流滿面，雙手合十的念誦：「南無覺華定自在王如來！」念佛的光明，普照著苦痛的大眾，他們似乎舒坦許多。

聖女心中不能理解這些加害有情眾生的鐵身惡獸，到底是有情的眾生，或僅僅是業力所化的幻相呢？

此時，許多的夜叉出現了。這些夜叉的面貌十分的兇惡，或是多手、多眼、多足、多頭，口牙外露，手中持著銳利的刀劍，口中發出忿怒如雷的巨吼，驅逐惡人給惡獸吞噉，各種恐怖的手段，讓人不敢久視。

這時，聖女一心念著佛號，由於念佛的威力，使她心中毫無恐懼，只有悲憫。

這時，有一位名為無毒的鬼王，也是學佛的修行人，發現了聖女之後，就趕緊向前稽首迎接。

他向聖女問道：「菩薩！您為什麼來此呢？」無毒鬼王以十分關懷的語氣問著。

聖女疑惑的反問說：「請問您是什麼人？這裡又是哪裡呢？」

無毒既恭敬又親切說：「菩薩啊！這裏是大鐵圍山西面的第一重大海；而我是一名鬼王，名為無毒。」

「噢！原來這裡是大鐵圍山的第一重海啊！」聖女自言自語的說道。

Ksitigarbha

地藏菩薩

■ 地獄

地獄梵名稱為捺落迦，又稱為泥黎，是指眾生受到自己所造惡業的業力驅使，所投生的惡業牢獄。而十八地獄則是其中的八熱地獄與十寒地獄的合稱。

所謂八熱地獄，是指八種具有燄熱苦毒的地獄，也稱為八大地獄，包成：一、等活地獄，二、黑繩地獄，三、眾生地獄，四、叫喚地獄，五、大叫喚地獄，六、焦熱地獄，七、大焦熱地獄及八、無間地獄（阿鼻）地獄等八種。

而十寒地獄，一般也有只分成八寒地獄的，是投生於其中的有情眾生，受到嚴寒的苦迫，十分的痛苦。十寒地獄包含了一、厚雲地獄，二、無雲地獄，三、呵呵地獄，四、奈何地獄，五、羊鳴地獄，六、須乾提地獄，七、優鉢羅地獄，八、拘物頭地獄，九、分陀利地獄，十、鉢頭摩地獄等十座甚於寒冰的地獄。

聖女吟哦一會兒說：「請問鬼王！聽說在鐵圍山之內，有地獄在其中，是不是如此呢？」

「是的！眞的有地獄在其中啊！」無毒回答道。

「那地獄怎麼去呢？」

「地獄是極惡之地，一般人是無法到達的。要到地獄只有兩種方法，一是由諸佛菩薩或聖者乃至自身的威神力所加被而到達，另外就是因爲惡業而引入地獄。只有這二種方法了。」

「噢！我了解了！」聖女很想知道母親的去處，便問無毒鬼王是否知道自己的母親在何處。

無毒鬼王說：「不知菩薩的母親生前做了什麼業？」

「唉！我的母親心中懷有邪見，常常譏毀三寶，偶爾生起信心，卻又馬上生起不敬的念頭，雖然剛逝去不久，我很耽心不知她的生處何在？」

無毒鬼王沈吟一會兒，就問說：「菩薩的母親，叫什麼名字呢？」

「噢！我的母親屬於婆羅門的種姓，母親稱爲悅帝利。」

無毒鬼王聽了之後，就不禁面帶微笑的說：「聖女妳不用再追尋，可以返回人間了。悅帝利三天前已經投生到天上了，所以你不要再憂愁悲憶了。妳的母親悅帝利，原本投生在此處受苦，但是因爲受承著孝順的後代，爲母親在覺華定

Ksitigarbha

地藏菩薩

婆羅門女在覺華定自在王如來的塔像前發起了弘大的誓願

自在王如來的塔寺陳設供養，廣修福德。因此，當天不只菩薩的母親解脫了地獄的痛苦，就是應當投生無間地獄的罪人也都同時受樂解脫，往生天上了。」

但是，鬼王接著又嘆了一口氣說：「唉！可惜世間人還是迅速的廣造惡業，地獄還是常滿啊！」說完之後，就合掌退下了。

這時，婆羅門女也好像在夢中一般，返回家中。

她起定之後，了悟了這個因緣，便在覺華定自在王如來的塔像之前，發起弘大的誓願。

她說：「願我窮盡未來的時劫，都能應於有罪苦眾生的祈求，為他們廣設方便，使他們得到解脫。」

這廣大的誓願，震動了所有法界、大地，而且到現在這個光明的誓願，還是如實的佑護著我們，使所有的罪苦眾生，得到究竟的依怙。

Ksitigarbha

地藏菩薩

光目女塑畫清淨蓮華目如來的形像，並一心供養、相續不斷的憶念佛陀

地藏菩薩的過去生之三──光目女

　　當蓮華目如來的像法時代來臨時，有一位阿羅漢出現於世，這位具足福德因緣的阿羅漢，正以廣大福德次第的教化著眾生。

　　有一天，在極為莊嚴的因緣中，有一位名為光目的女施主，廣設供養來供養這位阿羅漢。

　　受到光目女的供養的阿羅漢，心存著感激，於是詢問光目女有何祈願。

　　光目女回答說：「尊者，我的母親亡故不久，我希望以她的因緣來供養您，增長德福，做為救拔母親的資糧。但是不知道我的亡母投生於何處？」

　　阿羅漢深感於光目女的孝心，就為她入定觀察。在定中見到光目女的母親，墮生於惡道之中，遭受極大的痛苦。

　　阿羅漢心忖道：「為何光目女的母親，會墮於惡道之中呢？」

　　於是，他關心的問光目女：「光目女，妳的母親在生前，到底是做了些什麼事？而遭受如此大的痛苦摧殘？」

　　光目女的眼淚不禁汩汩而下說：「尊者，我的母親生前，喜歡殺生，特別喜好吃食魚、鱉之類的食物，而且又特別喜歡吃魚卵、鱉卵，如果以殺生而言，其數量就多出千倍

Ksitigarbha

地藏菩薩

念佛與塑畫佛像的功德，可以讓生者與亡者都獲得善報功德

萬倍。現在祈請尊者慈愍，告訴我如何來救度母親！」

阿羅漢聽了之後，不禁搖頭說：「原來如此！難怪她會遭受那麼大的痛苦！」

阿羅漢以悲憫的眼神看著光目女，沈吟一會兒說：「妳如果要救度亡母，可以用最至誠的心，憶念清淨蓮華目如來，並且塑造或畫出蓮華目如來的形象。以念佛與塑畫佛像的功德，同時可以讓生者與亡者都獲得善報功德。」

光目女聽了之後，就立即依教奉行，變賣了珍寶之後，立即塑畫了清淨蓮華目如來的形象，並一心的供養、相續不斷憶念佛陀。

念佛的無邊功德，流注在這具足孝心的光目女身上。後夜之中，她忽然夢見了佛陀。

在夢中，她見到佛陀金光晃耀的身相，宛如須彌山王一樣。佛陀的全身照射出無盡的光明，告訴光目女說：「善女人，妳的母親雖然生在惡道，但由於妳念佛塑畫佛像的功德，所以即將脫離惡趣，不久之後，就會投生於妳的家中了。」

光目女十分驚喜的問道：「偉大的世尊啊！我如何知道我的母親，投生為誰呢？」

佛陀微笑的說：「孝女，這妳就不用擔憂，到時候妳自然能分辨，妳母親所投生的孩兒，才剛能感覺到飢餓寒冷時，就會說話了。」

生死業緣的果報，一切都是自作自受（六道輪迴圖）

　　佛陀說完之後，整個金光晃耀的廣大佛身，就化成虛空，成為清淨的無雲晴空了。

　　光目女醒來回想夢中景象，歷歷在目。她知道夢中所見的景像，一定是自己一心念佛，感應道交所產生的，便安心等待因緣的出現。

　　光陰快速的流逝，有一天，光目女家中的女婢生了一個兒子。說也奇怪這女婢的兒子生下來未滿三日就會說話了，嚇得女婢及全家老小，大驚小怪。

　　沒想到，這小嬰兒竟然要求要見光目女，孝女一聽此事，心想：夢中如來所說的話要應驗了。

　　光目女趕緊前去看這個小嬰兒，這小娃兒一見到光目女竟然低頭悲泣的說：「女兒啊！我是妳的母親啊！」

　　光目女的眼淚像決堤一般地奪眶而出。

　　這時，只聽到這嬰兒繼續說道：「生死業緣的果報，這一切都是自作自受啊！我生前一直不肯聽妳的勸告，自從與妳生死離別之後，就墮入大地獄之中受苦。」說著，說著，眼淚又掉了下來。

　　「母親，那妳因何脫離惡道呢？」光目女關心的問著。

　　「孝順的女兒啊！都是蒙受妳的福德之力，我才又能受生人間，但是我今生只有十三歲的壽命，壽終之後，我又要墮入惡道之中了，妳想想看有什麼方法，能讓我脫離這個苦難呢？」

Ksitigarbha

地藏菩薩

光目女發願救濟罪苦眾生，遠離地獄、畜生、餓鬼等惡道

　　光目女聽了之後，心急的又哭起來了，說：「母親啊！妳到底做了什麼事，又墮入惡道呢？」

　　「我因爲殺害眾生及詆毀謾罵，兩種罪業而受惡報。」

　　「母親啊！在地獄中的罪報業事的情況如何呢？」

　　「罪苦惡報之事，實在太可怕了，我現在都不敢回憶了，就是用百千年的時間，也難將這可怕的情境說明白的。」

　　光目女聽聞之後，啼泣號哭，向著天空稟白道：「佛陀啊！祈願我的母親，永遠脫離地獄的痛苦。在十三歲後，不會再有重罪及經歷惡道之事了！十方的諸佛！請哀愍於我，聽我爲我母親所發的廣大誓願：如果能夠使我的母親，永遠脫離地獄、餓鬼、畜牲等三惡道的痛苦，並且不再出生下賤或女人之身，而且能夠永劫不再容受這些苦惱，」

　　這時，光目女雙手合十莊嚴的說道：「如果能滿足弟子以上的願望，願我從今日之後，對著清淨蓮華目如來像前，在百千萬億劫無盡時劫，一切世界當中，所有的地獄及三惡道的罪苦眾生，我都誓願要救濟他們，使他們遠離地獄、畜生、餓鬼等惡道。」

　　光目女最後堅誓的說道：「所有這些接受罪報的人都已經完全成佛之後，那時我才會成就無上的正覺。」

　　在法界中寂滅的清淨蓮華目如來完全具聞了，光目女的廣大誓願，他清淨的法性身，就以三摩地的影相現前告訴光

Ksitigarbha

地藏菩薩

地藏菩薩像（唐　九世紀末　大英博物館）

目女：「光目！妳眞是大慈悲愍啊！能爲母親發起如此的廣大悲願。」

這時，天空中現起了無邊的幻相，見到光目女的母親後來成爲清淨的梵志修行人，最後出生於無憂佛國。

「妳的母親，在十三歲時，此生捨報之後，會再投生。但已不是生於惡道，而是成爲一位出家的梵志沙門，變成了清淨的修行人，他那一生的壽命會年滿百歲。在梵志這一生圓寂後，會出生於無憂的佛國剎土，壽命有不可計數的時劫。後來終於成就佛果，廣度人天大眾，度脫宛如恆河沙般的眾生。」

爲了大孝的緣故，光目女發起「地獄不空，誓不成佛」的偉大願望，這就是地藏菩薩過去生之一——光目女的故事。

Ksitigarbha

地藏菩薩

佛陀付囑地藏菩薩教化娑婆世界的眾生

第三章　地藏菩薩的住處

地藏菩薩常常居於無佛世界，教化五濁惡世的眾生。

01 無佛淨土

　　由地藏菩薩所發起的大願中，我們可以了知地藏菩薩常在無佛世界行菩薩道救濟度化眾生，所以無佛世界可以說是地藏菩薩的本願淨土，在遍及一切處的無佛世界中，菩薩示現分身遍滿百千萬億恆河沙世界，每一世界又化百千萬億身，每一身度化百千萬億人，使他們歸敬佛法僧三寶，永離生死達至涅槃樂的境界。

　　所謂無佛世界是根據《十輪經》中佛陀介紹地藏時說：「有菩薩摩訶薩名曰地藏，已於無量無數大劫五濁惡時無佛世界成熟有情。」所以由此可知地藏菩薩常常居於無佛世界，教化五濁惡世的眾生。

　　我們更可以從《地藏菩薩本願經》中，釋迦牟尼佛付囑地藏菩薩的文中看出，在彌勒佛的時代未來臨前的這段期間，地藏菩薩在娑婆世界的教化責任是非常重大的。「今日

五濁惡世　即一、劫濁，二、見濁，三、煩惱濁，四、眾生濁，五、命濁。人壽二萬歲劫以後，見濁等四濁起，稱為劫濁。見濁指身見、邊見等見惑；煩惱濁指貪瞋癡等一切修惑；眾生濁指濁時眾生因見濁、煩惱濁而短命寡福；命濁指壽命漸漸減至十歲。要之，起四濁的惡時稱為劫濁，總合稱為五濁惡世。

Ksitigarbha

地藏菩薩

地藏菩薩發願成為地獄最後一人

在忉利天中，於百千萬億不可說不可說一切諸佛天龍八部大會之中，再以人天諸眾生等未出之界，在火宅中者付囑於汝；無令是諸眾生墮惡趣中一日一夜。」又「汝當憶念吾在忉利天宮殷勤付囑，令娑婆世界至彌勒出世已來眾生，悉使解脫！永離諸苦，遇佛授記。」釋迦牟尼佛付囑地藏菩薩於其涅槃之後，彌勒佛尚未出世前能幫助佛陀來教化娑婆世界的眾生，令眾生早離惡趣。

由此我們了解無佛世界在人間指的是：此佛已涅槃、彼佛未出世時，二佛之間的時段。在六道中，除了人間之外，其他五道的眾生可以直接說是無佛世界，因為佛陀只在人間成道。

能值遇佛陀在世的時代當然很好，但是如果換角度來看：佛陀在我們每個人的心中，而莫需遠求，何況又有地藏菩薩依佛陀付囑化身於此世界，為佛陀教化度脫眾生呢！

雖然我們身處無佛世界，但是我們仍然可以接受地藏菩薩的教化，守護我們菩提心的根苗，直到成佛。

這全都是地藏菩薩深重誓願的感化，從心的最深之處發願為佛陀分擔濟度罪苦眾生的負擔，即使在沒有佛陀引領的盲暗世界中，仍然是淨土安樂清淨之處，成為清涼喜樂的無佛淨土。

地藏菩薩發願成為地獄最後一人，在地獄尚未空，淨土尚未成，地獄淨土即是顯現地藏菩薩以大願力、清淨力度脫

Ksitigarbha

地藏菩薩

《佛說地藏菩薩發心因緣十王經》（圖版）

苦難無明眾生的相續無間斷進行式。

地獄淨土之所以稱名為淨土就不是地獄，但是它卻是在地獄之中，會形成這種景況，全是依靠著菩薩不可思議的大悲願力的緣故。也可以說地藏菩薩發願使地獄眾生免除痛苦，度脫受惡業纏縛深重的眾生，而使地獄空無一人；既然地獄空無一人，則地獄也是虛設，既然是虛設所以即無地獄可言，沒有了地獄即成淨土。

這也可以說是地藏菩薩福德殊勝、寂靜自在的功德示現，因為心淨則國土淨，雖然地藏菩薩在因緣上入於地獄，但在體性上卻是常居於淨土，所以淨土與地獄的差別亦自然化除。

在《佛說地藏菩薩發心因緣十王經》就把地藏菩薩的悲願具體化成名為「善名稱院」的淨土，所謂：「閻魔王國名無佛世界，亦名須於國，亦名閻魔羅國……次有二院：一名光明王院，二名善名稱院。……復說善名稱院，此處殊勝，於無佛處別淨土，金沙滿地，銀玉疊道，四畔築四寶，四門開順金。樹分七珍，枝開妙花，每房結微菓，花尋開花，長春不散，果尋結果，長秋不落。池開七寶蓮，重青黃赤白，汀鳴六種鳥，和宮商角徵羽，莊嚴微妙，如兜率天中。殊勝殿安五寶座，即是地藏菩薩入定寶處。」

對於發願救度最苦惡地獄眾生的地藏菩薩而言，像在地獄中別有一個形式上的淨土並無意義，也不相應，他自身不

Ksitigarbha

地藏菩薩

地藏菩薩入於地獄並無業報幻化的罪相分別，體性仍是光明圓滿

會在乎是否有一個這樣的淨土存在，地藏菩薩的淨土並不是在地獄之旁、之外、或之內，掛個招牌稱爲之「淨土」，對於已證得等覺菩薩之位的地藏菩薩而言，所有的地方都是樂處、淨土。所以此書所說的「善名稱院」，是認爲在地獄道閻魔王國中所別立的淨土，而且還有具體的金沙佈地等等形狀的描寫。

其實，我們並不需要執著這樣固定的一處，但是，我們倒可以將之看成象徵意義——象徵菩薩在地獄道中度脫眾生的大悲願，象徵菩薩雖入地獄並無業報幻化的罪相之分別，體性仍是光明圓滿。

地獄道中種種的悲慘刑具，都是眾生的業力所感召而來，意識所幻化建立的，地藏菩薩以他最大的悲願安住在此邊界，與這個世界相應在一起，然而他本身即具法界如幻，即是常寂光的境界，這一切都是爲了使眾生從幻化的惡業相中轉化出來，解化無明執著。

Ksitigarbha

地藏菩薩

傳說伕羅帝耶山是印度摩竭陀國的伽耶城附近的一座山

02 地藏菩薩在娑婆世界的化土

佉羅帝耶山

　　佛陀在佉羅帝耶山，宣說地藏菩薩的經典《大方廣佛十輪經》，當時地藏菩薩與其無量眷屬從南方化現而來，所以一般認為佉羅帝耶山就是地藏菩薩在娑婆世界的淨土。

　　佉羅帝耶山又翻譯成佉羅提耶山、佉羅陀山、迦羅提（陀）山等等。據說在昔日印度摩竭陀國中的伽耶城，離此城南方十五里處有一座山，叫做佉羅帝耶山，此山高九百四十丈，廣七百三十丈，以七寶為體。原本是牟尼仙人的住處，也就是佉羅帝耶山的所在地。

　　當佛陀在宣講《十方廣佛十輪經》之前，會場出現了不可思議的說法因緣：

　　當時南方出現了各種變化的雲雨充滿遍佈此山，例如大香雲大香、大花雲大花雲等，並從諸香花、寶飾、衣服的雲雨中，出演各種百千微妙大法音，有歸敬佛、法、僧三寶聲，有趣入智慧聲等等。

　　當時大眾各個見到自己身上莊嚴著各種香花寶飾，而且見到兩手掌有如意寶珠，從寶珠中流出種種寶貝，而且又放射諸光明，這些光明照見了十方恆河沙諸佛國土，並使得每

Ksitigarbha

地藏菩薩

地藏菩薩的化土──九華山

一佛國的世尊全部都圍繞於此。

　　這些光明所照射的地方及一切有情眾生，都因此而得致淨善、解脫利益，遠離諸眾惡難，諸多殊妙音樂充滿其中。

　　這時又出現一種特別現象，也就是與會大眾忽然覺得地大增盛，堅重難舉，又因為剛才看見的瑞相，所以才開啟了大眾向佛陀問法說此地藏菩薩種種殊勝悲願的因緣。

　　由此經典我們也可以了知，地藏菩薩化身來到此化土時的一些境界現象。

九華山

　　中國佛教的四大名大是四位大菩薩應跡的四個淨土，分別是五台山、峨嵋山、普陀山、九華山，其中安徽省青陽縣的九華山，即是地藏菩薩的化土。

　　九華山位於安徽青陽縣西南四十里處，原名為九子山，發源於黃山西脈，經過太平、石埭，蜿蜒進入青陽縣的南境，方圓一百餘平方公里。

　　九華山祖傳九十九峰，其中以天台、蓮華、天柱及十王峰等九峰最為雄偉。

　　其中有九十峰峰頂有九小峰，形狀類似嬰兒圍成一圈，背向著外團聚而嬉戲，所以才有九子山之名。此山風景奇麗，山高雲表，各種地形高妙，瀑布、怪石、奇樹、溪流皆有，自古以來常引來很多騷人墨客的讚賞。

Ksitigarbha

地藏菩薩

■ **九華山的寺廟的特點**

　　基本上九華山的寺廟都是依著山勢而建立，不拘格局、不求規整、因地制宜。正因為這種造寺的手法，形成了九華山從山腳到山頂，處處都有寺廟的特殊風格。

　　保存至今的古寺廟仍有 94 座，佛像一萬餘尊，主要的寺廟有化城寺、祇園寺、月身殿、百歲宮、甘露寺、旃檀禪林、上禪堂、慧居寺、天台寺等。

九華山一景

《太平御覽》記載：「此山奇秀，高出雲表，峰巒異狀其數有九，故名九子山。」而唐代詩人李白在此遊歷之後，看見九子峰聳立好像蓮花，所以就寫下「望九華贈青陽韋仲堪」一詩：「

　　昔在九江上，遙望九華峰，

　　天河挂綠水，秀出九芙蓉。

　　我欲一揮手，誰人可相從，

　　君爲東道主，於此臥雲松。」

九華山的山名，也因此由九子山便改名爲九華山了。而李白的另一首詩中云：「妙有分二氣，靈山開九華。」更將九華山的靈秀氣魄顯露無遺。

九華山中多泉溪瀑布，怪石古洞、古松參天，而其間翠竹如海，山光水色，無比的獨特別緻，古往今來，天下名人奇士，慕名而來者，絡繹不絕。

其中十王峰爲主峰，海拔一千三百四十二公尺，由於相對的高度相差十分的大，因此更顯得氣勢磅礡，上俯日月，下瞰雲霞。其中清泉逆石，碧霧凝空，更是奇麗無比。

九華山素有「東南第一山」的美譽，而山上群峰蓊秀，景色清幽，無怪乎很多人選擇來此修行，確實是理想的清修地方。

九華山上最早的寺庵，相傳建立於東晉。在東晉安帝隆安五年（公元四〇一年）神僧杯渡禪師，曾經在此山講經傳

Ksitigarbha

地藏菩薩

■ 九華街景區

　　九華街景區是在一處平均海拔約 640 米的山中盆地，四周翠峰聳立，環繞著山城。

　　明清時期，佛教活動盛極一時，百歲宮、祇園寺、慧庵、華天寺、小天台等 20 餘座名剎紛紛創立，朝山進香著絡繹不絕，千百年前此地就成為香客、遊客的集散地，而逐步形成了融寺院、客棧、商店、特色鮮明的九華街。現建有大、小賓館、飯店、旅社 50 餘家。

法，開始創立茅庵。

　　九華山之所以傳爲地藏菩薩的應化道場，根據《宋高僧傳》卷二十所記載，其因緣是來自唐朝的金喬覺。

　　金喬覺是新羅王族，在佛陀滅後一千五百年（永徽四年），攜著白犬善聽渡海來到九華山，看到山明水秀的九華山，便決定在此山修行，結盧七十五年。

　　相傳金喬覺是地藏菩薩的化身，在殊勝的因緣中，開啓了地藏菩薩與中華的殊勝因緣，而其法號爲地藏，人稱金喬覺爲金地藏。

　　金地藏在山中的苦修，感動了九華山大地主閔公，閔公心懷善念，對金地藏非常的崇敬。因此，每次設齋供養一百位僧眾時，必定虛讓一個位置，以迎請洞僧（金地藏）來圓滿一百位僧數。

　　相傳金地藏爲了弘法的因緣，有一次就向閔公乞求一袈裟的地。閔公二話不說便歡喜的應允了。

　　這時只見金地藏將袈裟展開，投於虛空，袈裟偏覆了九華山，於是閔公就全部歡喜的供養給金地藏。

　　後來閔公的公子依洞僧金喬覺出家，即是道明和尚，爲地藏比丘的侍者。在洞僧涅槃後，大家都認爲他是大願地藏王菩薩來中國的應化。因此，九華山乃成爲地藏菩薩應化的道場。

　　而今日的地藏菩薩兩旁的侍者像，左爲道明和尚，右爲

Ksitigarbha

地藏菩薩

化城寺為九華山的開山寺

閔公，就是由此典故而來。

化城寺

化城寺爲九華山的開山寺，也是山中最古老的寺廟。

早在開元末年，有一位名爲檀號的僧人，當時爲鄉老胡請住於此，廣度大眾。但是，由於信眾極多，而被當地士豪所嫉妒，就報官加以陷害。而當地官員沒有明察此事，就在焚其居所之後，廢止其傳道。

於是，諸葛節等就買下檀號的舊地，準備建寺。而傳說此地，也是東晉隆安五年（公元四〇一年）神僧杯渡築寺爲庵的地方。

諸葛節等要爲金地藏建寺，一時轟動了九華山附近的地方。近山的人，都紛紛回集於化城，大家伐木取石，建築叢林寺院。慢慢的，整座寺宇，就逐漸成形了。

在大殿上，金地藏安置了釋迦牟尼佛的聖像，並於佛壇安立著種種的妙飾，並在寺前建立樓台山門，增加化城寺的莊嚴。最後寺院終於在大家努力的闢建下完成了，金地藏的首座弟子勝瑜法師，應居於首功。

化城寺建成了，整座寺院依著山勢而建，分門廳、大雄寶殿、藏經樓等。

寺內有一巨大木架，上面著一座洪鐘，重二千餘斤，鑄造於清光緒年間（一八七五——一九〇八），輕輕敲擊發出清揚悅耳的聲音，「化城晚鐘」也是九華十景之一。

Ksitigarbha

地藏菩薩

■ 地藏法會

夏曆七月卅日（月小為二十九）是地藏菩薩聖誕日，傳說新羅僧金喬覺亦於此日成道，九華山要舉行隆重儀式，誦《地藏菩薩本願經》，守地藏肉身塔，稱地藏法會，一般歷時七天（七月卅～八月初六）。法會期間。香客們還舉行百子會，朝山進香。

■ 百子會

善男信女自動組織起來，虔心素食，挑擔舉旗，敲鑼誦經，結伴進出，人數滿百組成會、團，稱百子會；達到兩百人，則稱雙百子會。但也有二、三十人一組的，稱小百子會。

藏經樓內存明‧正統五年（一四四〇）印的《涅槃經》，以及蓋有皇帝玉璽的聖旨和碑刻。有一套朱紅色字體的手抄佛經，工整秀麗，稱為「血經」。明神宗朱翊鈞御賜的一部《大般涅槃經》，也珍藏于此。寺門懸化城寺匾額，其門楣、斗拱和樑柱均鏤雕極為精美，正殿天花藻井刻的九龍盤珠，是我國古代木刻藝術中的精品。

在金地藏的年代，由於金地藏的高德，很多人都慕名而來，當時連新羅人都相約渡海前來九華山，由於人數愈來愈多，山上的糧食也發生愈來愈難以供應的情形。

這時，多虧金地藏憶起以前苦修時，僧寺眾多煮飯摻拌白土（此土色白而細膩，俗稱觀音土）而食，因此就在他以前居住的宴坐巖下，取出白土為大眾的糧食。

由於金地藏的徒眾一心苦修，不重飲食養命等事，所以地藏比丘一直領導著徒眾在此道場修持苦行，至唐開元二十六年七月三十日涅槃，世壽九十九歲。

由於此因緣，大家都直覺到：地藏比丘實為地藏菩薩的化身，是地藏菩薩來中國的應化，所以大家就稱地藏比丘為地藏菩薩，而九華山即成為地藏菩薩應化的道場，成為中國四大名山之一了。特別是每年七月三十日，九華山香火尤其鼎盛。

地藏菩薩自有他特殊的因緣感應，才能得到民間一致的信仰。

宴坐巖　由九華山的化城向東南上行，登上了東巖的山頂。這裏高於化城三里，橫截如屏，只見群峰都歷歷向內，宛如朝禮一般。

金地藏就在崖北找到了一座山巖，深覆如屋，於是他就常身處其中，安然宴坐了。因此，此處又稱為宴坐巖。

Ksitigarbha

地藏菩薩

■ 九華文化

　　九華山歷史悠久，遺存的文物眾多。除歷代名人書畫外，還有不少摩崖石刻，大多散布在閔園到天台途中，石刻內容多與佛教有關。又有許多修建寺廟的記事碑，為考證九華山佛教歷史提供了確鑿史料。為廣度眾生，九華山佛教「地藏利生寶印」為一大特色，現存有「九龍金印」、「九龍銅印」、「獅鈕銅印」、「龍鈕銅印」、「九獅玉印」等。佛教經籍是九華山文物的重要組成部分，現存梵文貝葉經二札，明版《藏經》兩部，明代血字《大方廣佛華嚴經》，清版《藏經》三部，彌足珍貴。還有不少佛教塑像、法器、寺廟，被定為文物保護單位。

月身寶殿

月身寶殿又名為肉身殿，為金地藏的肉身塔，這是建築在金地藏墓地上的一座塔形廟宇。明神宗賜名「護國肉身寶塔」。現在的建築為清同治、光緒年間重建。

殿宇非常宏麗莊嚴，屋頂蓋鐵瓦，四周迴廊石柱環節，重檐斗拱，雕樑畫棟。殿內七級木質寶塔，高約十七公尺，每層有佛龕八座，供奉地藏金色坐像。塔兩側有十五立像拱侍。大殿西側設有佛教文物陳列室，殿後半月形瑤台上列鐵鼎，終日香火不斷，稱為「布金勝地」。

祇園寺

祇園寺又名祇樹庵、祇園。祇園原是印度佛教聖地，該寺引此而得名。位于九華山東崖西麓、化城寺東北。始建于明嘉靖年間（一五二二～一五六六）。為九華山四大叢林之一，規模為諸寺之冠，也是山上唯一的宮殿式建築。

寺宇依山就勢，層層疊疊，鱗次櫛比，飛檐走獸，畫棟雕樑，富麗堂皇。寺前鋪石雕蓮花、金錢圖案甬道。有大雄寶殿、方丈寮、退居寮、衣鈝寮、客廳和光明講堂等，共有房屋上百間。

大雄寶殿高約十三丈，金黃琉璃瓦頂，飛檐畫棟，金碧輝煌。殿中蓮花台上端坐三尊噴金大佛，均高二丈多，極為

■ 九華山的民俗文化

龍燈

　　九華山及附近鄉鄰逢年或重大節日活動時，以舞龍燈、獅子燈慶賀助興。龍丁以竹篾扎成拱形，一拱一板，每板長約 1.5 德，內燃蠟燭，少則九板、多則數十板（均為奇數），每板 1 人扛舞，並敲鑼打鼓隨行。龍燈是民間慶賀喜慶的一項大型集體活動，所到之處觀者如潮，十分熱鬧。

臘八粥

　　臘月初八被佛教界奉為佛成道日，寺中僧尼常以糯米、芝麻、苡仁、桂元、紅棗、香菇、蓮子等八種食物合煮「八寶粥」，邀請周圍山民共進餐點，並施舍給民家老幼分食，以示對佛祖的敬奉。其後漸成民間日煮八寶粥（稱臘八粥）食用的習俗。

壯觀，爲九華寺廟佛像之冠。佛後立十八羅漢和「海島」。「海島」高七公尺，塑有眾多塑像，千姿百態，講的是觀音鬥鰲魚的佛教故事，頗爲壯觀。

上禪堂

上禪堂又名爲景德堂，位于九華山神光嶺月身殿下。清康熙年間（一六六二～一七二二）擴建，才開始稱上禪堂名。環境非常的清幽，堂旁有金沙泉，深不盈甌，四時不竭，泉岩上有「金沙泉」石刻，傳爲李白所書寫，金地藏《送童子下山》詩中「愛向竹欄騎竹馬，慣于金地聚金沙」，即指此處。泉邊的金錢樹，爲九華三寶之一。

百歲宮

百歲宮又名摘星庵，清代擴建後改稱萬年禪寺。位于九華山摩空嶺上。

據宮前石碑記載：明萬曆年間（一五七三～一六二〇），河北宛平僧海玉，號無瑕禪師，由五台山至此，在摩空嶺摘星亭結茅而居，名爲摘星庵，長年以野果爲生。以舌血和金粉，抄寫出《大方廣佛華嚴經》八十卷，共花費二十八年時間。

年壽一二六歲最後拈偈而逝，去逝前曾咐囑弟子三年後啓缸，如期發現，其顏色若生，當時的人慕稱爲「百歲

■ 九華山稀有珍貴的植物

青錢柳

第三紀古熱帶區系的孑遺樹種之一，九華山特有樹種。該樹春天生出綠色花瓣，瓣呈一圓形膜，瓣瓣相連，似一串串銅錢。秋季花瓣呈金黃色，秋風蕭瑟，樹根四周落滿金燦燦的「錢幣」。俗稱「金錢樹」與娃娃魚、叮當鳥並稱為九華「三寶」。

黃山松

本地習稱「九華松」，學名「台灣松」，屬裸子植物松科，是一種高大常綠喬木。由於生長條件和風向的影響，該松常形成平頂、旌形樹冠，千姿百態。全山分布極廣，尤以「鳳凰松」、「迎客松」等出眾，為九華山著名景觀之一。

金錢松

第三紀以來孑遺植物，世界五大觀賞樹種之一，屬裸子植物松科，高大落葉喬木。一般高 40 米，胸徑 1.5 德，幹形通直，大枝平展，樹冠呈尖塔形，樹枝優美，秋葉金黃。該樹為我國特有珍貴樹種，屬國家三類保護樹種之一。

銀杏

第三紀孑遺植物，俗稱「活化石」，屬裸子植物銀杏科，又名「白果樹」、「公孫樹」、「鴨掌樹」。九華山現有數十棵。九華街「太白書堂」旁的兩棵，樹高 25 德，四人合圍不及，相傳為李白遊山時親手栽種，至今仍枝葉繁茂，生機勃勃。

此外還有許多珍貴名木，如：香果樹、花櫚木、紅豆崑樹、為掛木、天女花、青栲樹、檫木、毛紅椿、紫楠木等。

宮」，並建宮來紀念。明毅宗濬封「應身菩薩」，御題「護國萬年寺欽賜百歲宮」。宮宇依山而築，上下五層樓閣，曲折相通，巍峨宏敞。東壁以懸崖為基，西臨峽谷，形勢險峻。今無瑕真身和「血經」，保存完好。

天台寺

天台寺又名為地藏禪林。位於九華山天台雛捧日亭北面。天台雛海拔一三二五公尺，為九華極頂，有龍頭雛（又名青龍背，在東）和龍珠雛（又名天台崗，在西），其間有拱形石橋，名渡仙橋，橋樑橫刻「中天世界」四字，由橋下可進天台寺。寺依山勢高低構成樓閣，上下五層，有萬佛樓、地藏殿等。樓內供釋迦牟尼、金地藏、彌勒等佛像和一萬個木雕小佛像，形態各異，栩栩如生。此外還有二鐘一鼓。

九華山有名的植物

傳說，金地藏來到九華山時，曾帶來了新羅國中的稻種，此稻種稱為黃粒稻。黃粒稻的稻實肥厚香軟，色澤赤黑，與一般的稻子不大相同。為了紀念這個因緣，李三世有一首詩說：「

金粟原來是佛糧，僧云移植自殊方；

山禽未敢銜遺粒，香鉢先擎供法王。」

Ksitigarbha

地藏菩薩

■ 九華山珍奇稀有的動物

叮噹鳥

　　該鳥鳴聲如銅鈴叮噹之聲而得名，稀有動物，一般很少見到。為九華「三寶」之一。

蛙蛙魚

　　屬兩棲動物有尾目蠑螈科。學名東方蠑螈，也稱小鯢，俗稱「四腳魚」。頭扁口大，軀幹近似圓形，尾部側扁，四肢比較細長，腳有五趾。圓眼，眼瞼發達。身呈紫黑色，腹部朱紅色，有不規則的黑色斑點。皮膚有光澤。性喜靜，習慣生活在清流靜水的壇中或石隙間。

獼猴

　　屬靈長目猴科，俗稱黃猴，又名廣西猴。屬國家二類保護動物。九華山閔園、天台及后山均有發現。

短尾猴

　　屬靈長目猴科。又名青猴。體型比獼猴高大，體長一般 120 厘米，尾短僅 7 至 9 厘米。具有較高的觀賞價值。屬國家二類保護動物。經常出沒天台、百歲宮等處蹬道旁與遊人戲耍，為九華山一大景觀。

黑麂

　　屬偶蹄目鹿科，又稱毛額鹿。稀有動物，世界上僅見於中國，屬國家二類保護動物。個體瘦小，輕靈，肩高可達 60 餘厘，體重僅 30 公斤，尾長 16 至 20 厘米。毛色紫褐色或黑色，頭部顏色較淺，額部有一簇淺褐色長毛，能把長 4.5 至 6.5 厘米的短角遮沒。山林、道路常有其蹤影。

　　另外有金地茶，梗空如篠（小竹），傳說也是地藏攜來的品種。李三世也形容此茶說：「

　　碧芽抽穎一叢叢，摘取清芳悟苦空；

　　不信西來禪味別，醍醐灌頂雪山中。」

　　五釵松是九華山的松樹，這種松樹有五葉如釵，因有五股，所以名為五釵松。或許對金地藏而言，這些五股的松葉，正如五股的金剛杵一般，代表佛陀的五智，五釵松的松子如栗子一般，長成三角形，松仁十分的香美。

　　在九華山西側的香林峰，長有許多的藥草。在峰下有一座洞穴，名為金光洞，相傳金地藏曾在洞中居住。金光洞可望不可入，進入時則金色的神光充塞洞口，彷彿見到金人之像。

　　此外，曾經有一天金地藏在南台經行時，剛好有花落鉢中。金地藏看著這樣的因緣，也十分的歡喜，這種花後來就叫鉢囊花了。鉢囊花高有一丈餘，葉子十分的綿長，而且色澤青翠，花朵就生在葉上。花蕚宛如黃葵一樣，香聞數里。

Ksitigarbha

地藏菩薩

地藏菩薩如同大地一般，護持著我們

第四章　如何祈請地藏菩薩

當我們體會地藏菩薩的悲心，安住在他的悲願裡，在此中，我們很自然受到地藏菩薩的加持。

01 祈請地藏菩薩的守護

我們祈請地藏菩薩的守護，首先要去體會地藏菩薩的心，也就是他的大願精要。

地藏菩薩的密號是悲願金剛，所以「願」是地藏菩薩最特別的部分，我們要去體會他的大悲願是擴及六道，而不只是在地獄裡面教化。而且他在地獄裡面教化就是要超度地獄、消除地獄。

佛陀付囑地藏菩薩，在佛滅度後，直至彌勒菩薩降生的期間度化眾生。在此，地藏菩薩就如同大地一般，在無佛的世間護持眾生。在《華嚴經》蓮華藏世界海中的所有菩薩、《法華經》中從地湧出的菩薩們，也都和地藏菩薩一樣，具足悲、智、願、行、力、慈等六大菩薩精神。只要我們願意承擔起來，我們當下就是大地菩薩，大家一起在釋迦牟尼佛

Ksitigarbha

地藏菩薩

當我們隨時體會地藏菩薩的心，很自然就受到不可思議的加持

滅度後，彌勒如來未出世之前，在大地中救度一切眾生。

這樣的「大地菩薩」的理念，其實早在一千五百年前的梁武帝就曾經提出過，在一千五百年後的今天，我們不僅祈請菩薩的守護，更進一步學習地藏菩薩發起大願，一燈燃千燈，燈燈無盡。

當我們隨時能體會地藏菩薩的心，無時無地同地藏菩薩在同一悲願中，在此中很自然地蒙受地藏菩薩的不可思議加持。

就如同《本願經》中記載的：「若未來世有善男子善女人，欲發廣大慈心，救度一切眾生者，欲修無上菩提者，欲出離三界者，是諸人等，見地藏形象，及聞名者，至心歸依，或以香華衣服寶具飲食，供養瞻禮，是善男女，所願速成，永無障礙。」

學習地藏菩薩發廣大慈心願救度一切眾生，又能因地藏菩薩的功德力，所願速成，永無障礙。這是地藏菩薩的慈悲啊！

安住在菩薩的悲願中

地藏菩薩能夠出生一切寶王的妙心，所以稱他為「大地安忍」，能夠出生一切智慧，能滅除一切眾生的罪業。他示現為大願王，在緣起上是代表大願的菩薩，從法身體性上所伏藏的大悲，對眾生永遠的濟度，無止的大悲，這便是大悲

Ksitigarbha

地藏菩薩

地藏菩薩在地獄中廣行救度，是金剛喻定的境界

地藏，能滿足一切眾生之願。

　　此外，地藏代表一切諸佛的法身如來藏，既然代表一切如來藏，就能夠出生諸佛的根本，這是地藏的體性，也是法身如來藏，代表一切法界大地，能住持安住無傾動來承載一切眾生、一切有情，使他們直入佛地，這也是地藏菩薩的特德。

　　如果我們祈請地藏菩薩的守護，隨學於地藏菩薩，我們要貼近地了知地藏菩薩的體性、地藏的境界，皈信法身如來藏。深信地藏菩薩廣大深願，能利益苦難的廣大眾生，一切眾生未證菩提時，使我們速證菩提。

　　地藏菩薩是眾生的大地蓮台、大地承載，濟度一切眾生圓滿成就佛果，就像大地成就一切種子，使之發芽、成長，終至開花結果，這是不可思議大願地藏菩薩的深願。

　　地藏菩薩在地獄當中行廣大救度，是在金剛喻定的境界中的法界體性示現，也是為了破除一般人對地獄的分別思惟，了悟其實地獄與諸佛法界無二無別，同是金剛法性，當我們如是了悟時，我們就與地藏菩薩同住於寂滅的境界當中。既然了解地獄即是法爾金剛體性寂滅，就能現前了悟一切大地即是清淨即是淨土。

　　體性上如此了悟之後，即從體性如來藏當中，宛如一切綠色大地一樣承載種子、枝苗，種子或枝苗即同眾生如來藏，依於地藏如青色大地的廣大功德而漸次生長，使眾生如

金剛喻定 梵語 vajropam-āsamādhi。指能破除一切煩惱的禪定。如同金剛一般堅利，能摧斷一切的智慧禪定。又稱金剛三昧，金剛心。

Ksitigarbha

地藏菩薩

誦持地藏菩薩的真言時，觀想自己心輪上的蓮花，
月輪上有青色的赫利字，放光普照一切眾生

來藏成爲大法身。

誦持地藏菩薩的真言

　　我們祈請地藏菩薩的守護，可以誦持地藏菩薩眞言來守護我們。一般最常用的地藏菩薩的眞言，稱爲地藏菩薩滅定業眞言，此眞言威力很大，尤其持誦此眞言能快速消除罪業。

　　一天誦二十一遍，對我們業障的消除，有很大的功德。

　　地藏菩薩滅定業眞言：「唵、缽囉末鄰、陀寧、娑婆訶」。梵字 赫利，是地藏特別的種子字。

　　地藏菩薩有其他的種子字，但是誦這個眞言時，他的種子字是　赫利，與觀世音菩薩是一樣的，但是觀世音菩薩的種子字是白色，地藏菩薩是青色。

　　現在試著，以下列的方法，來持誦地藏菩薩的眞言：想像自己心輪上面的蓮花、月輪上，有青色　赫利字。放光普照一切眾生。一面放光普照眾生，一面持這個咒。

　　地藏菩薩的三昧耶形，即其代表形狀有幾種：一種是寶珠，有時是一個寶幢。

　　他的種子字是　（訶），所以亦可以唸單誦種子字：「訶訶……」一直念誦。

　　持念的時候不一定要發出聲音；有的時候也可以默念，一個字一個字念。因為持咒的時候，持誦到最後可以融攝成

法身　梵語 dharma-kāya。是諸佛內證真如的理性所顯現的身，一般代表體性，是報身、化身所依，宛如無雲晴空沒有形象。

Ksitigarbha

地藏菩薩

寶珠

寶幢

地藏菩薩的三昧耶形

一個種子字。

在初期的時候我們要一個字、一個字持誦，持咒到最後入定的時候，就只剩下一個種子字的音，到最後連那個字音都沒有了，只有脈在振動，持咒持到此階段時，才能把糾纏的脈結鬆開。

地藏菩薩除了滅定業真言以外，還有另外一個真言：「南麼三漫多、勃馱喃、訶訶訶、蘇恒奴、莎呵」，就是一切障礙的清淨，讓我們得到清淨的法身。

在《地藏菩薩本願經》有一些具體的善法修持法，只要具足隨時隨地安住於菩薩悲願當中，並能了解菩薩為成就眾生直至佛道的用心，那麼不論是念佛、誦經、持咒，供養、布施、持戒等等，身、語、意的具體修持，也就都能有所重心、力量。

Ksitigarbha

地藏菩薩

《地藏本願經》記載臨終者能自己發心淨念，發願往生，可以承蒙佛陀接引

02 《地藏菩薩本願經》的善法修持

　　《地藏菩薩本願經》是一部著重於信願的經典，由於眾生的根性不同，所以佛陀的教導也各有方便善巧，佛陀對於重信願的人，不選擇以法理入手來宣說，而改以故事的型態來傳達地藏菩薩的大願大行，直接以其能行難行的大悲願力，來策發信願行者。

　　本願經的修法都很平實，所以練習時腳踏實地，好好的掌握心要。

　　讀誦經典時，可以直接學習地藏菩薩是如何發願、修持來圓滿他的願望。而且經中明白記載，讀誦本經可以獲得二十八種利益，得到天龍八部的護念，衣食豐足不缺，面貌端正相好，聰明利根，遠離盜賊厄難，眷屬歡樂，畢竟成佛等等不可思議的功德。

　　在各種具體的修法中，由於地藏菩薩悲願的緣故，對於死亡後墮於三惡道的情況特別重視，也因此臨終救度或亡者的救度都是地藏菩薩光明特別照拂的，所以先說明將臨終時的修法。

將臨終時的修法

　　當此世的生命將要終了時，往往對於未來將前往何處，

Ksitigarbha

地藏菩薩

《地藏本願經》記載，如果眷屬能替死者設供、讀誦經典、念佛名號，
或供養油燈、旛蓋、佛像等善業，而蒙受佛陀加持

從心靈最深處生起惶恐畏懼，而且生者亦無法了知將往生者到底將如何，所以死亡一直是人類最害怕的一件事。我們看到在《地藏菩薩本願經》中記載：

是閻浮提行善之人，臨命終時，亦有百千惡道鬼神，或變作父母，乃至諸眷屬，引接亡人，令落惡道，何況本造惡者。世尊！如是閻浮提男子女人，臨命終時，神識昏昧，不辨善惡，乃至眼耳，更無見聞。

如果眷屬能替死者設供養、讀誦經典、念佛名號，或供養油燈、旛蓋、佛像等等善業，都能讓往生者由於此善緣，而蒙受佛陀加持、以及菩薩的願力而遠離惡道出生於諸善處。而且，生者也能得到諸多利益。這是生者為亡故者所做的幫助。

如果是臨終者能自己發心淨念，於有限的生命自修福業，更是能增長功德利益。更甚者，如果是生者平時亦皆能如實如理地修行了悟，自然臨終時，或死生自在，或預知臨終的時間，或發願往生承蒙佛陀接引，或壽終正寢，自然能投生善處，甚至於同地藏菩薩一樣施行深廣的願力。

據經中所言，生者為過往者造福一切聖事，如果分為七分，亡者只獲其一，生者得六分功德，所以說要讓別人來幫助你，**實在是不如自己勤修行才是**。而且必須要在過世後七七四十九天之中為其修諸善根，否則中陰身已然隨業受報，無福消受。

Ksitigarbha

地藏菩薩

塑畫地藏菩薩的形像，虔心供養者，可獲致十種利益

其他善法

　　如果在夢寢中見諸鬼神，或悲或啼，可能是過去生的父母眷屬在惡趣受苦，如能在佛前志心讀誦《地藏王菩薩本願經》三至七遍，如是惡道眷屬，得蒙解脫。

　　如果婦女生產時或新產七日之中能誦持此經典，更念地藏菩薩名號可滿萬遍，則小孩、母親皆能得福受益。小孩有殃報者能得解脫，安樂易養，壽命增長。若是有福報而來的則轉增安樂，及與壽命。

　　如果有女人厭棄女身，或是醜陋多病，或是久處床枕，求生求死了不可得，或是生為下賤不自由之人，能深自懺悔，都能藉地藏菩薩的悲願，至心誠敬或念菩薩名或禮拜、誦經、供養、佈施、造菩薩像、造塔寺、燃燈油等修行善福，而得改善厭惡之處，更增不可思議功德。

　　如果欲求衣食豐溢、家宅平安、不受諸橫、過渡山海險道而能永保安樂者，也是如此修持地藏的法門。

　　如果想要讀誦大乘經典能一經過耳根，即當永遠記憶，也當供養地藏菩薩，並以淨水安於菩薩前經一日一夜，恭敬迴首向南服之，並慎五辛酒肉、邪婬妄語及諸殺害，經七日或二十一日會於夢中得見菩薩，現無邊身，並為之授灌頂水。夢覺即獲聰明。

　　如果能在住所的南方作龕室，是中塑畫或是用金、銀、

Ksitigarbha

地藏菩薩

親見地藏形像，又能讀經，布施供養、讚歎瞻禮則能獲致二十八種利益

銅、鐵作地藏形象，虔心供養的人，有十種利益：

　　*1.*土地豐穰。*2.*家宅永安。*3.*先亡生天。*4.*現存益壽。*5.*所求遂意。*6.*無水火災。*7.*虛耗辟除。*8.*杜絕惡夢。*9.*出入神護。*10.*多遇聖因。

　　如果見地藏形像，又能讀經，布施供養、讚歎瞻禮，則能獲致二十八種利益：

　　一、天龍護念。二、善果日增。三、集聖上因。四、菩提不退。五、衣食豐足。六、疾疫不臨。七、離水火災。八、無盜賊厄。九、人見欽敬。十、神鬼助持。十一、女轉男身。十二、爲王臣女。十三、端正相好。十四、多生天上。十五、或爲市王。十六、宿智命通。十七、有求皆從。十八、眷屬歡樂。十九、諸橫銷滅。二十、業道永除。二十一、去處無通。二十二、夜夢安樂。二十三、先亡離苦。二十四、宿福受生。二十五、諸聖讚嘆。二十六、聰明利根。二十七、饒慈愍心。二十八、畢竟成佛。

Ksitigarbha

地藏菩薩

臨摹地藏菩薩像可以免於災難

03 地藏菩薩感應故事

臨摹地藏菩薩像免於災難

　　梁朝時，漢州德陽縣的善寂寺，其東側的廊壁上有一幅僧人繇所繪畫的地藏菩薩像，其造像很像僧人，披斂而坐，很奇妙的，此幅地藏菩薩像時有異光煥發。

　　唐麟德元年，善寂寺裡的僧人臨摹此畫，又再度見到地藏菩薩像發光。

　　麟德三年，王記赴任資刺史時，常常臨摹此菩薩像，而且精誠供養。有一天，王記出海，同行的船隻十艘，路途中忽然遇到大風，其他九艘船皆沉沒，只有王記的船免於恐怖，即了解這是地藏菩薩慈悲加被。垂拱三年，天后耳聞此事，就敕令畫師臨摹此地藏菩薩像，而放光如前。

　　至大曆元年，有一位寶壽寺的大德，於道場中，又見菩薩像放光的異相，即刻寫表上奏，皇帝乃虔心頂禮，備極讚歎！當菩薩示現光明之時，國泰民安，非常的吉祥。

　　又有一位商人的妻子，妊娠經過二十八月仍然無法產子，有一天忽然見到菩薩光明，於是一心發願臨摹，當天夜晚便生下一男嬰，相好端嚴，人見人愛，於是舉世號為放光菩薩。

Ksitigarbha

地藏菩薩

誦持地藏菩薩的名號解除厄難

頂戴地藏菩薩像的靈驗故事

　　唐朝別駕健渴，信心清淨奉佛法為旨。有一天他請問僧人，在家居士將奉事何尊佛菩薩？有一位僧人回答說：「宜事奉地藏菩薩，受佛敕的緣故。」

　　健渴心中想著，既然是受佛敕，豈捨我等。於是立即尋求栴檀木，造立了三寸大的地藏菩薩像，綁在髮髻當中，在行住坐臥之間，都稱念地藏菩薩的名號。

　　莊宗天成年中，天下兵亂，健渴被團團圍住，在臨死前，一心不亂的念誦地藏菩薩的名號。這時，大將竟然策騎，驚惶地離去。兵亂弭平之後，說出這樣的因緣，聽聞的人莫不讚嘆稱異。

　　長興年中，赴任所時，怨家聽到這消息，就想加以刑害，埋伏在路旁等待，卻只是見到沙門過往，都沒有看見健渴，後來聽說早就過了，這才悔謝解怨。

　　有一天，在途中夜宿，天上下著傾盆大雨，燈火都熄滅了，髮髻中的聖像，突然放光如白晝，這時忽然聽到有微細的聲音說：「速速離去，速速離開！」覺得非常的驚異，以光明為前導，就移到別處住宿。隔天，洪水大起，途中夜宿的地方全部深陷於水底，心中很清楚的明白是地藏菩薩的救護。

　　清泰二年，年七十八歲才逝世。臨命終時，髮髻中的菩

Ksitigarbha

地藏菩薩

地藏十王圖

薩放光，健渴合掌念佛，安然地死去，隨著光明指天而升
去。

祈念地藏菩薩像的感應事蹟

宋朝沙門智祐，西印度人，天福年中來到中國，住持清
泰寺，所持的經像中，有地藏菩薩像，並有本願經梵夾，其
像中央圓輪中畫菩薩像，冠帽持寶物，左右有十聖像，左五
者：一、秦廣王，二、楚江王，三、宋帝王，四、五官王，
五、閻羅王；右五者：一、卞成王，二、泰山王，三、平等
王，四、都市王，五、五道轉輪王。一一各具司命司祿府君
典官等。

智祐很自然地便說出這個緣起：「往昔西印度有一位菩
薩，慈悲救世，發起廣大誓願，爲了救濟三塗受苦眾生，所
以繪畫地藏菩薩的法像。前往十王城，告敕說：『現在我發
願救濟三塗苦，請加持利益之。』十王都合掌敬諾。向著菩
薩說：『一切眾生，凡是屬大聖所欲教化導引者，我等皆謹
爲伴助。』這時尊像微笑著說：『善哉！眾生的罪業，不久
之後，將得以減輕。』即放射出大光明，照耀三塗苦惱，所
有被光明照射的眾生，眾諸病苦全部都休止息滅。此乃由於
印度菩薩入於利益眾生三昧，並祈請大王所賜與的大利益。
那個菩薩就圖畫出自己親眼所見，於地藏尊像旁加上十王
等。」

Ksitigarbha

地藏菩薩

地藏菩薩（水陸道場神鬼圖像）

　　智祐又說：「我曾經遇到流沙，遭受妖媚鬼，由於祈請憶念地藏菩薩的緣故，而得以持著錫杖追擊。

　　「又曾經夜中，天上降臨大雨時，苦無燈火，不知方向，而且猛獸哮吼，人馬都迷失了，地藏菩薩法像放光如同白晝一般，猛獸即四方流散，道路又回復通暢。

　　「又一次，遭逢大河波濤湧沸，很難以了知河有多深，而且水勢甚弱，不能浮起木葉，何況船舶？祈念聖像，即見沙門一人，童子二人，一童捧幡，一童棹船，沙門手持梵夾，即渡我等，既到東岸臨別去時，贈我梵夾，謂此土道俗，可模寫之，由是諸人競相臨模，多有感應靈異事蹟。」

　　三年後，不知智祐及像所在，人們皆懷疑已迴還印度，猜想沙門智祐必為地藏菩薩的化身矣。

化身　梵語 nirmāna-kāyā，是為未登地的菩薩、聲聞、緣覺二乘及凡夫所示現教化之身，如同在千江的水月一般，隨緣示。

Ksitigarbha

地藏菩薩

選擇地點

禁語

佛堂莊嚴

坐禪的坐具

坐禪的姿勢

地藏一日禪法的準備事項

第五章　修學地藏的一日禪法

　　隨著科技的發達，現代人的生活，更爲緊張忙碌，所以我們如何舒解緩和自己的身心是現代人的重要課題。

　　經過一週的繁忙工作，週末是一段讓自己放鬆一下的好時光，選擇在家中很悠閒的過著美妙的家居生活；或是其他的休閒活動。但是，當您翻開此書時，書中便提供您另一種選擇，度過一個親近地藏菩薩的時光。

　　修學地藏菩薩可以獲得許許多多世出世間功德；除了可以讓我們放鬆身心之外，還可以得致地藏菩薩的守護，獲得天龍護念、善果日增、衣食豐足、遠離水火災、無盜賊厄難、人見欽敬、端正相好、眷屬歡樂、聰明利根、有求皆從、畢竟成佛等等的利益。

　　因此爲了方便讀者修持，過一個親近地藏菩薩的週末，特別設計一個修學地藏的一日禪法。

準備事項

　　修學地點：修學地藏的一日禪法的地點，我們可以選擇在家中或是風景怡人的度假中心；如家中有佛堂，則可選擇佛堂，若無則在一安靜的房間即可。

Ksitigarbha

地藏菩薩

行、住、坐、臥及語言時，
都相續憶念地薩菩薩

修學地藏菩薩的修法原則

佛堂莊嚴：如家中有佛堂，又有供奉地藏菩薩，那就準備供品極力供養即可；若無地藏菩薩塑像，則可供置一張莊嚴的地藏法相，極力供養；於靜室中，**則選擇一乾淨的桌子或櫃子**，供置地藏菩薩聖像，燃點上好的香，極力供養。

時間：基本上，我們可以二個小時為一單位來修持，稍做休息後再繼續修持，時間可自行調整。

坐具與坐姿：如果方便，以蒲團及方墊來做修持的坐具，因為良好的坐具，會助益我們久坐不會疲勞，當然也要注意保持良好的坐姿，良好的靜坐姿勢，讓我們的修學更為得力。（坐姿可參考《坐禪的原理與修證》、《輕鬆學靜坐》等書）

禁語：如果可以在一日禪法中，快速地讓自己沈靜下來，禁語是一個不錯的方式。所謂的「禁語」，是指在某段時間內，為了修習上收攝身心的方便，儘量地保持沉默禁語。禁語是我們學習「禪七」時的規則，在修持時保持禁語，讓自己專心於修持方法上。如果在家修持時，則請家人配合勿和自己交談。

修持方法

修學地藏菩薩的方法，我們可以選擇：持誦聖號、真言，觀想地藏菩薩的身相，或是讀誦、書寫地藏的經典。

我們修持時，最好選擇一個法門專修。我們開始正式修

Ksitigarbha

地藏菩薩

在睡夢中，練習憶念地藏菩薩

修學地藏菩薩的修法原則（二）

持前，我們先清淨身心，穿著乾淨的衣服，來到佛堂前，先**恭敬皈命禮敬三寶**，發起無上菩提心，然後我們坐在佛堂前，觀看著地藏菩薩的聖像，觀想地藏菩薩的光明照耀著我們，然後正式開始修持方法。

在修習地藏菩薩的一日禪法時，特別注意下列的修法原則：

1. 從自心中生起對地藏菩薩的無上信心，不只心心憶念地藏菩薩，更深信地藏菩薩的悲願廣大，他護念於我等的心比我們憶念他的更為廣大，地藏菩薩心心念念都念護著我們。

2. 試著練習清晨醒來時的第一個念頭即為地藏菩薩，練習時如果無法做到，做一下自我檢討，並試著學習讓自己每一個念頭，念念相續憶念地藏菩薩。

3. 我們練習在行、住、坐、臥、動作及語言時，都能相續不斷的憶念地藏菩薩。

4. 在日常生活中，我們為了提醒自己修習地藏菩薩，可隨身攜帶地藏菩薩的佛卡，在日常生活中，如果遭遇無法處理的事情時，可以觀想思惟：地藏菩薩會如何處理這種情形？卡片背後並寫下與地藏菩薩的相關經句或是修行偈誦，幫助我們日常恆修地藏菩薩。

5. 恆常書寫、供養、布施、諦聽、閱讀、受持、廣說、諷誦、思惟、修習地藏菩薩相關經典。

Ksitigarbha

地藏菩薩

地藏一日禪：是否有成證地藏菩薩的決心？

　　6.將自己的一切所行，**匯歸於地藏菩薩的廣大悲願**，如地藏菩薩發起菩提勝願，所行功德一心圓滿迴向地藏菩薩的大行大願。

　　7.在睡覺之前做一個自我反省，檢討白天的修行，自己是否深信地藏菩薩？是否能安住地藏大願、與地藏菩薩體性本然不二？

　　8.睡前一念檢點念佛心是否忘失？是否決心成證地藏悲願？決志夢中安住地藏悲願？

　　9.甚至在睡夢中，都練習著自然憶念地藏菩薩。

　　10.練習讓自己的一切行為，都依止著地藏菩薩的廣大勝行，圓滿地藏菩薩的悲願。

修證地藏一日禪的檢測表

此表除了專修地藏一日禪外，亦可自行於生活中時時檢證，有實踐者可打「○」，若無實踐者可打「×」。

（　）清晨覺醒，第一個念頭是否即為地藏菩薩？

（　）檢點自己，是否有決定成證地藏悲願的決心？

（　）是否能當下一念安住地藏體性？

（　）生起對地藏菩薩的無上信心，不只心心憶念，更能深信其大悲心切，護念於我，念念念我，並決定攝受吾等現住其體性淨土？

（　）能了知法界現前性空如幻，地藏菩薩與其體性皆同住

Ksitigarbha

地藏菩薩

每日憶念地藏菩薩，讓我們更親近地藏菩薩，獲得地藏菩薩的甚深加持

於法界體性光明之中否？

（　）在地藏菩薩相應相攝，現前加持下，我們能現觀安住
在地藏體性中否？

（　）是否在行、住、坐、臥動作及語言時，都能相續不斷
憶念地藏菩薩？

（　）當我們的眼、耳、鼻、舌、身、意面對色、聲、香、
味、觸、法六種塵境，是否都能現觀爲地藏體性的空
色、法音、妙音、勝味、淨觸、正法？

（　）面對六塵而生起的見、聞、嗅、味、身觸、意念等六
種覺念，是否能生起宛如地藏菩薩的微妙清淨覺受？

（　）身心能恆常安住於地藏體性之中，並將一切所行功德
資糧迴向於地藏菩薩否？

日常生活中，如果遇事思惟處理時，是否觀想思惟？

（　）在地藏體性中，此事當如何處理？

（　）地藏菩薩會如何處理這種情形？

（　）恆常當書寫、供養、布施、諦聽、閱讀、受持、廣
說、諷誦、思惟、修習地藏菩薩的相關經典否？

（　）除個人相續修持之外，是否常與大眾共同修持？

（　）是否將一切所行會歸地藏菩薩的廣大悲願，如其發起
菩提勝願，所行功德一心圓滿迴向其大願？

睡覺之前應當檢點自己：

（　）是否深信地藏菩薩？

Ksitigarbha

地藏菩薩

當我們行走時，感覺大地正滋養茁壯著我們

（　　）是否決定修持地藏悲願？

（　　）是否念念憶起地藏菩薩？

（　　）睡前一念檢點憶念地藏之心是否忘失？

（　　）夢中能現生地藏體性否？

（　　）夢中能自然憶念地藏菩薩否？

　　經過一個週末的親近地藏菩薩，慢慢地也可將練習帶入日常的生活中，當我們行走踏在大地時，感覺大地（地藏菩薩）正滋養著我們，使我們更加茁壯有力；在行住坐臥中時時憶念著地藏菩薩的功德，在每日的憶念中，我們更親近地藏菩薩，獲得地藏菩薩的甚深加持。

Ksitigarbha

地藏菩薩

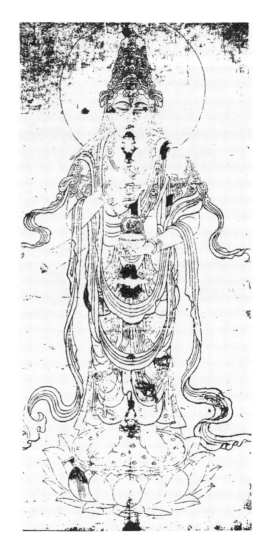

從經典中走入地藏菩薩的世界，是祈請菩薩守護的好方法

第六章　地藏菩薩的重要經典

　　從經典中認識地藏菩薩，親自的走入地藏菩薩的世界是
祈請菩薩守護的好方法。

　　以下於重要的地藏經典做導讀，方便讀者誦讀經典，另
外由於篇幅的關係，經文全文只列《地藏菩薩本願經》。

01 地藏菩薩重要經典導讀

地藏菩薩本願經

　　于闐僧實叉難陀（Śaksānanda）於證聖元年（A.D.695）
至長安四年（A.D.704）之間譯出，計二卷十三品。

　　主要敘說地藏菩薩的本願因緣及現在、未來兩種利益。
本經與《十輪經》同為地藏菩薩的重要經典。

　　十三品中，首先說到救護六道眾生的大願及本生中為一
位孝順的婆羅女使邪見的母親生天的過往因緣（「忉利天宮
品第一」）。其次，說到分身地藏的來集與佛陀付囑地藏在
無佛時期教化眾生（「分身集會品第二」）。

　　其次，列舉無間地獄的苦相和業因（「觀眾生業緣品第

三」）。其次，敘述地藏本生中，做國王時發心作菩薩，以及為光目女時拯救其母，立下惡道眾生成佛的誓願（「閻浮眾生業感品第四」）。

其次，詳細敘說地獄的名稱和惡報（「地獄名號品第五」），讚嘆地藏菩薩的功德（「如來讚歎品第六」），對亡者的追善供養（「利益存亡品第七」），閻羅王、鬼王的讚歎及主命鬼王的讚歎及主命鬼王的誓願（「閻羅王眾讚歎品第八」），稱念過去諸佛名號的功德（「稱佛名號品第九」），布施之多寡與功德的關係（「較量布施功德緣品第十」），地神的護法和禮讚地藏菩薩的十種功德（「地神護法品第十一」），見聞地藏菩薩的利益（「見聞利益品第十二」），佛陀付囑地藏菩薩救護未來世人天，並宣示供養地藏菩薩的利益（「囑累人天品第十三」）等。

《十輪經》主要是闡述十佛輪猶如治國平天下的十種王輪，依之可轉十惡業。其經題即由此出。北涼失譯《大方廣十輪經》由十五品八卷組成，玄奘譯《大乘大集地藏十輪經》由八品十卷構成，兩者雖為前後同本異譯，內容卻相當接近。隋代三階興教之時，信行及其門下所依的《十輪經》當然是北涼失譯八卷本，但到了唐朝玄奘譯本完成，三階師神昉為之作序，在對照新舊兩本說「比諸舊本，舊本已有今更詳明，舊本所無斯文具載」。新譯本減少品數而增加卷數，以補舊譯本的缺略。現合新舊二本摘記本經要旨如下：

　　佛在佉羅帝耶山說《月藏經》完，地藏菩薩即示現聲聞像，從南方參加此一集會，佛乃說示地藏之往因並讚歎其無量功德（「序品第一」）。

　　其次，地藏以偈問佛：云何於五濁惡世轉佛輪？佛以灌頂王的十輪爲喻，敘說以十種佛輪能轉眾生的十惡業輪（「十輪品第二」）。

　　其次，因天藏大梵請問，開示兩種十無依行法的惡行，只要有此等惡行的一種，就不能成欲界善根，乃至諸三摩地、三乘法門。其次，對出家應作十種勝想，即使破戒比丘亦勝過清淨外道，雖是國王大臣亦不得非理侵害。若有人犯了五無間罪、四根本罪、謗三寶罪（對法和人二種）第十一種罪，就不得出家、受具足戒。其次，回答優波離所問，說：若不依法呵舉、驅擯破戒比丘，便獲大罪。並舉出十種人、十種眾之前不可非法指摘破戒比丘。其次，地藏自述末世救濟的本願，佛乃說示末世有十惡輪，列舉國王大臣等守護惡比丘、迫害清淨比丘等墮無間地獄的惡行。並將旃陀羅一樣下賤的刹帝利、宰相、婆羅門、居士和眞善者做一對照，舉出象王、羅刹等尊重袈裟的因緣，禁止刹帝利、宰相、大臣等破壞佛教，造十惡輪罪。眞善的國王、大臣、婆羅門、居士、長者，若守護佛法和比丘，自然離十惡業輪，得國土安穩（「無依行品第三」）。

　　其次，爲金剛藏而說十種補特伽羅輪迴生死，難得人

身；破戒比丘雖非佛弟子，但猶現幢相，故不得辱害之。其次，三乘是如來度眾生的方便，即使修大乘法門亦不可廢棄其他二乘。其次，說三乘共有的十有依行。佛隨眾生的根器而說三乘法，並比較大乘優於聲聞、緣覺之處，彰顯大乘的真義（「有依行品第四」）。

其次，無量眾生聞佛所說，發露懺悔，佛隨其所樂，方便說法，令彼心喜，然後開示十種法能令菩薩得無罪正路法忍，得法忍者則許處剎帝利王位、受用勝大財業，否則即是墮無間地獄之因（「懺悔品第五」）。

其次，以十善業道為菩薩的十輪，說其廣大利益（「善業道品第六」）。其次，詳說應遠離瞋恚邪見等十輪；為一切聲聞緣覺故，說菩薩的六度及善巧、大慈、大悲、堅固大甲胄輪是大福田（「福田相品第七」）。

最後會眾各各得法眼，佛以此法付囑虛空藏（「獲益囑累品第八」）。

本經於唐永徽二年（A.D.651），由玄奘譯出，時間在北涼失譯本之後。道宣在《內典錄》卷九的「舉要轉讀錄」裡，列舉新舊二譯，說「二本大同」。現在對照新舊二譯各品，大致上，唐譯的前二品包括涼譯的前四品，唐譯的第三品相當於涼譯的第五、第六兩品。唐譯第四品收集了涼譯的第七、第八兩品，唐譯的第五、第六兩品，相當於涼譯的第九品，唐譯的第七、第八兩品相當於涼譯第十品以下。

古來本經的章疏，除上述的三階教籍三部以外，《東域傳燈目錄》《諸宗章疏錄》等另外也錄記了唐靖邁的八卷疏、日本護命的一卷略疏等，但今已不傳。

《百千頌大集經地藏菩薩請問法身讚》

由北天竺婆羅門不空（Amoghavajra）在唐天寶五年（A.D.746）至大曆九年（A.D.774）之間譯出，又可稱爲「地藏本門法身讚」、「地藏菩薩請問法身讚」、「地藏法身讚」，計有五言一百二十八偈四百九十六句及附偈七言一偈四句，讚述法身、法界、菩提、涅槃、十地、等覺、妙覺的功德。從經題來看像是屬於大集部，但內容較接近楞伽系或瑜伽系，特別它是以密教的思想來說法身觀。

隋代的僞經「像法決疑經」有一異本──「瑜伽法鏡經」。「開元錄」詳細記載了它的由來，說它是景龍元年（A.D.707）三階僧師利僞造的。也就是說，「瑜伽法鏡經」是從《佛臨涅槃記法住經》、《地藏菩薩讚歎法身觀行品》中各取一部分，再冠以《像法決疑經》之名而成的。

但是在斯坦因（M.Aurel stein）氏蒐集敦煌出土本中，有一本題爲《示所犯者瑜伽法鏡經》的寫本，在這本寫本裡，留下後半部的《地藏菩薩讚歎法身觀行品》，其典據不明，恐怕它是以這本《百千頌大集經地藏菩薩請問法身讚》爲底本而寫成的吧！然而《請問法身讚》是五言頌，《法鏡經》

是七言頌，兩者雖不同，但文相大致符合。

此中，是以採用《佛臨涅槃記法住經》，是取令法久住的意義；所以採用「地藏菩薩讚歎法身觀行品」是因爲三階教特別尊崇《十輪經》和地藏菩薩的緣故，是以採用與地藏菩薩相關的「法身觀行品」，增加在舊經裡。（詳細的情形請參考矢吹慶輝「三階教の研究」）

《佛說地藏菩薩陀羅尼經》

屬於雜密，敘述地藏菩薩的誓願、功德以及陀羅尼。其誓願中說「我從本捨身命，爲利眾生無貪惜，常爲法故而捨身，皮骨肉血施眾生」，專說救濟末世濁惡。另也述說念菩薩名號、供養菩薩，則能速疾滿足長壽、無病等願，乃至入涅槃。陀羅尼是六十三句的漢音譯，在經末列舉其功德。

《地藏菩薩儀軌》

唐輸婆迦羅（Śubhakara，譯作善無畏）在貞觀十一年（A.D.637）至開元二十三年（A.D.735）之間譯出。首先列舉大中小三神呪，其之說畫像法、印呪、普供養印、總說總印、請讚印，最後說到成就法──護摩（十七種）。

《延命地藏菩薩經》

敘述延命利生的地藏菩薩的功德，據說是唐不空譯的，

但經錄上缺其名。亮汰的「玄談」，因「貞元錄」未載，又因「八家祕錄」未記，故說：「蓋由行藏在時也」，「寂照堂谷響集」卷二指責本經中提到日本天狗，或恐此經為日本撰述的吧。本經有延寶六年（A.D.1678）亮汰撰的「延命地藏經鈔」二卷；元祿十年（A.D.1697）刊，必夢述的「直談鈔」六卷；永嘉七年（A.D.1854）蓬室有常著，松川半山畫的「延命地藏經」和「訓圖會」一卷；除此之外，還有淨慧述的「和談鈔」五卷；最近有明治三十三年刊，來馬琢道氏著的「講義」一卷等。

《佛說地藏菩薩發心因緣十王經》

本經主要是講人死後，經過十王廳的過程，以及地藏菩薩的發心因緣、十四願、六種名字等。其說法對日本民間信仰有很深的影響。但「卍續藏」所收的「十王經」有二部（卍續藏的第二編乙二三），二部都列載「成都府大聖慈寺沙門藏川述」。

二部中的一部是「地藏菩薩發心因緣十王經」（「佛說十王經」），經尾附有宋仁宗天聖十年（A.D.1032）十一月原孚的「本末記」，附會「嚴佛調傳」，記述依據梵本寫成的旨意。但從本經的用語、體裁上來看，疑似日本所作。還有採本經之十王一一配以本地佛，因此產生流傳日本的十三佛（請參考「寂照堂谷響集」卷六之「十王經及十三

佛」）。

此外，「佛說預修十王生七經」具稱「佛說閻羅王授記四眾逆修七往生淨土經」。其首題下、撰號前，標記著「謹啓諷閻羅王預修生七往生淨土經，誓勸有緣，以五會啓經入讚，念阿彌陀佛」，結合了彌陀、地藏兩種信仰。經尾附有明憲宗成化五年（A.D.1469）的經記。而兩部皆非譯經，而是後人所撰。

然而斯坦因氏蒐集的敦煌出土寫本中，有很多「閻羅王授記四眾逆修生七往生淨土經」，中間插有十王的圖畫（圖畫十一面尾題「佛說十王經」一卷）。「釋門正統」說描畫是從唐仙人張果老的畫開始的，所以大概是在唐末五代的時候流行的吧！所謂十王，秦廣王、初江王、宋帝王、五官王、閻羅王、變成王、太山王、平等王、都市王、五道輪轉王。十王中，除了閻羅王外，其他的，在佛教正典裡都看不到他們的名字，他們是從道教及中國的民間信仰裡出來的。

據說，唐・道明和尚還親身進入冥界（「釋門正統」卷四），但道明的生平不很詳細，摩尼教籍「下部讚」的譯者名叫道明，此外別無可考。

在日本，十王信仰和地藏菩薩信仰一併流行是在平安末期以後。在日蓮上人的「十王讚嘆鈔」、存覺師的「淨土見聞集」裡，說到十王的信仰。本經將亡者進入冥界，通過十王殿，配以一七日以至七七日、百日、一年、三年等十個忌

辰，勸人於生前死後齋供十王（十王供）。關於地藏十齋日，請參考矢吹慶輝「鳴沙餘韻解說」頁二三三之「大乘四齋日」。

　　經文中提及「法華」、「涅槃」、「遺教」、「孔雀」等諸經名，還有六識、八識、九識等諸名目，更混入道教思想。本經的註釋，有禪珍的「選註」七卷、了意的「直談」十三卷、叶阿的「科註」十卷、實藏的「講義」三卷等流傳於世。

　　此外，和地藏菩薩有關係的經典、儀軌，還有唐金剛智譯《地藏菩薩念誦儀軌》一卷、坒圖《大道心驅策法》一卷、《占察善惡業道經》、《蓮華三昧經》（六地藏）等。現已不存的偽經「須彌四域經」中，有「地藏菩薩為神農」等字。此外，在斯坦因氏之敦煌出土寫本裡，有一《佛說地藏菩薩經》，把地藏信仰和往生極樂連結在一起。經文中說到地藏菩薩不忍見地獄的苦惱，「即從南方來到地獄中，與閻羅王共同一處別床而，坐有四種因緣，一者恐閻羅王斷罪不平，二者恐文案交錯，三者恐來合死者，四者恐受罪已不出地獄池邊」等。

Ksitigarbha
地藏菩薩

地藏菩薩像

① 忉利天（Trāyastrinṁśa） 欲界六天的第二天。在須彌山頂，閻浮提之上八萬由旨處。帝釋在善法堂天，三十三天之名出自「正法念處經」。

② 大光明雲 指大圓滿光明雲以下的十種光雲。

③ 檀波羅蜜音 以下至般若波羅蜜音止是舉六波羅蜜音。波羅蜜為到彼岸或度之意，能度至彼岸的菩薩行法為：檀（Dāna），即布施；尸羅（Śila），即持戒；羼提（Kṣānti），則忍辱；毗離耶（Virya），即精進；禪（Dhyāna），即禪定；般若（Prajñā），即智慧。

02《地藏菩薩本願經》卷上

唐于闐國三藏沙門實叉難陀譯

忉利天宮神通品第一

　　如是我聞：一時，佛在忉利天❶，爲母説法。爾時，十方無量世界不可説不可説一切諸佛，及大菩薩摩訶薩皆來集會，讚歎釋迦牟尼佛，能於五濁惡世現不可思議大智慧神通之力，調伏剛彊眾生，知苦樂法，各遣侍者問訊世尊。

　　是時，如來含笑，放百千萬億大光明雲❷，所謂大圓滿光明雲、大慈悲光明雲、大智慧光明雲、大般若光明雲、大三昧光明雲、大吉祥光明雲、大福德光明雲、大功德光明雲、大歸依光明雲、大讚歎光明雲。放如是等不可説光明雲已，又出種種微妙之音，所謂檀波羅蜜音❸、尸波羅蜜音、羼提波羅蜜音、毗離耶波羅蜜音、禪波羅蜜音、般若波羅蜜音、慈悲音、喜捨音、解脱音、無漏音、智慧音、大智慧音、師子吼音、大師子吼音、雲雷音、大雲雷音。

　　出如是等不可説不可説音已，娑婆世界及他方國土，有無量億天龍鬼神亦集到忉利天宮，所謂四天王

Ksitigarbha

地藏菩薩

地藏菩薩像

①四天王天　以下舉三界二十八天，囊括一切天眾。今將之分為三界：四天
　王天（東方持國天、西方廣目天、南方增長天、北方多聞天）、忉利天、
　焰摩天、兜率天、化樂天、他化自在天之六天是欲界。梵眾天、梵輔天、
　大梵天（以上三天是初禪），少光天、無量光天、光音天（以上三天是二
　禪），少淨天、無量淨天、遍淨天（以上三天是三禪），福生天、福愛
　天、廣果天、無想天、無煩天、無熱天、善見天、色究竟天（以上九天是
　四禪），以上十八天是色界。摩醯首羅天居此色界最頂端，乃至非想非非
　想處天是指無色界的空處、識處、無所有處、非想非非想處四天。

②苗稼神　苗稼，指稻苗等百穀；苗稼神為教人民稼穡之神。

天❶忉利天、須焰摩天、兜率陀天、化樂天、他化自在天、梵眾天、梵輔天、大梵天、少光天、無量光天、光音天、少淨天、無量淨天、遍淨天、福生天、福愛天、廣果天、無想天、無煩天、無熱天、善見天、善現天、色究竟天、摩醯首羅天，乃至非想非非想處天，一切天眾、龍眾、鬼神等眾悉來集會。

復有他方國土及娑婆世界，海神、江神、河神、樹神、山神、地神、川澤神、苗稼神❷、晝神、夜神、空神、天神、飲食神、草木神，如是等神皆來集會。復有他方國土及娑婆世界諸大鬼王，所謂惡目鬼王、噉血鬼王、噉精氣鬼王、噉胎卵鬼王、行病鬼王、攝毒鬼王、慈心鬼王、福利鬼王、大愛敬鬼王，如是等鬼王皆來集會。

爾時，釋迦牟尼佛告文殊師利法王子菩薩摩訶薩：「汝觀是一切諸佛菩薩及天龍鬼神，此世界、他世界、此國土、他國土，如是今來集會到忉利天者，汝知數不？」

文殊師利白佛言：「世尊！若以我神力，千劫測度不能得知。」

佛告文殊師利：「吾以佛眼觀故，猶不盡數，此皆是地藏菩薩久遠劫來，已度、當度、未度，已成就、當成就、未成就。」

Ksitigarbha

地藏菩薩

①無礙　通達自在，一切無障礙。

文殊師利白佛言：「世尊！我已過去久修善根，證無礙●智，聞佛所言，即當信受；小果聲聞、天龍八部及未來世諸眾生等，雖聞如來誠實之語，必懷疑惑，設使頂受，未免興謗。唯願世尊廣說地藏菩薩摩訶薩因地作何行，立何願，而能成就不思議事？」

佛告文殊師利：「譬如三千大千世界，所有草木、叢林、稻麻、竹葦、山石、微塵、一物一數，作一恒河，一恒河沙一沙之界，一界之內一塵一劫，一劫之內所積塵數，盡充為劫。地藏菩薩證十地果位已來，千倍多於上喻，何況地藏菩薩在聲聞、辟支佛地！文殊師利！此菩薩威神誓願不可思議，若未來世有善男子、善女人聞是菩薩名字，或讚歎、或瞻禮、或稱名、或供養，乃至彩畫、刻鏤、塑漆形像，是人當得百返生於三十三天，永不墮惡道。

「文殊師利！是地藏菩薩摩訶薩於過去久遠不可說不可說劫前，身為大長者子，時世有佛，號曰師子奮迅具足萬行如來。時，長者子見佛相好，千福莊嚴，因問彼佛：『作何行願，而得此相？』時，師子奮迅具足萬行如來告長者子：『欲證此身，當須久遠度脫一切受苦眾生。』文殊師利！時，長者子因發願言：『我今盡未來際不可計劫，為是罪苦六道眾生，廣設方便，盡令解脫，而我自身方成佛道。』以是於

Ksitigarbha

地藏菩薩

地藏菩薩像

①那由他（Nayuta）　數目名。相當於億。

②阿僧祇劫（Asaṁkhya Kalpa）阿僧祇是數目名，無央數之意。劫是時分，

長時之意。

彼佛前立斯大願，于今百千萬億那由他❶不可說劫，
尚為菩薩。

「又於過去不可思議阿僧祇劫，時世有佛，號曰
覺華定自在王如來，彼佛壽命四百千萬億阿僧祇劫
❷，像法之中有一婆羅門女，宿福深厚眾所欽敬，行
住坐臥諸天衛護，其母信邪常輕三寶；是時，聖女廣
說方便，勸誘其母令生正見，而此女母未全生信，不
久命終，魂神墮在無間地獄。時，婆羅門女知母在世
不信因果，計當隨業必生惡趣，遂賣家宅，廣求香華
及諸供具，於先佛塔寺大興供養；見覺華定自在王如
來其形像在一寺中，塑畫威容端嚴畢備。

「時，婆羅門女瞻禮尊容，倍生敬仰，私自念
言：『佛名大覺，具一切智，若在世時，我母死後，
儻來問佛，必知處所。』時，婆羅門女垂泣良久，瞻
戀如來，忽聞空中聲曰：『泣者，聖女！勿至悲哀，
我今示汝母之去處。』婆羅門女合掌向空，而白空
曰：『是何神德寬我憂慮？我自失母已來，晝夜憶
戀，無處可問，知母生界。』

「時，空中有聲再報女曰：『我是汝所瞻禮者過
去覺華定自在王如來，見汝憶母倍於常情眾生之分，
故來告示。』婆羅門女聞此聲已，舉身自撲支節皆
損，左右扶侍良久方蘇，而白空曰：『願佛慈愍，速

Ksitigarbha

地藏菩薩

❶閻浮提（Jambudvīpa）　又稱贍部洲，南閻浮提。指須彌山南方的大洲，即印度大陸是引申而指吾人居住的世界。以此洲中央有閻浮樹林，故名之。

說我母生界，我今身心將死不久。』時，覺華定自在
王如來告聖女曰：『汝供養畢，但早返舍，端坐思惟
吾之名號，即當知母所生去處。』

「時，婆羅門女尋禮佛已，即歸其舍；以憶母
故，端坐念覺華定自在王如來。經一日一夜，忽見自
身到一海邊，其水涌沸，多諸惡獸，盡復鐵身，飛走
海上，東西馳逐；見諸男子、女人百千萬數出沒海
中，被諸惡獸爭取食噉；又見夜叉其形各異，或多
手、多眼、多足、多頭，口牙外出，利刃如劍，驅諸
皋人使近惡獸，復自搏攫頭足相就，其形萬類不敢久
視。

「時，婆羅門以念佛力故，自然無懼。有一鬼
王，名曰無毒，稽首來迎，白聖女曰：『善哉！菩
薩！何緣來此？』時，婆羅門女問鬼王曰：『此是何
處？』無毒答曰：『此是大鐵圍山西面第一重海。』
聖女問曰：『我聞鐵圍山之內，地獄在中，是事實
不？』無毒答曰：『實有地獄！』

「聖女問曰：『我今云何得到獄所？』無毒答
曰：『若非威神，即須業力，非此二事，終不能
到。』聖女又問：『此水何緣而乃涌沸，多諸罪人及
以惡獸？』無毒答曰：『此是閻浮提❶造惡眾生，新
死之者經四十九日後，無人繼嗣為作功德，救拔苦

Ksitigarbha

地藏菩薩

地藏菩薩像

①由旬（Yojana）　又寫作踰繕那。為計算里程的數量，或云三十里，或云四十里。

②十八　十八地獄之名出自《十八泥梨經》，其名如下：一、光就居，二、居俱倅略，三、桑居都，四、樓，五、房卒，六、草烏卑次，七、都盧難旦，八、不盧半呼，九、烏竟都，十、泥盧都，十一、烏略，十二、烏滿，十三、烏籍，十四、烏呼，十五、須揵居，十六、末都乾直呼，十七、區逋途，十八、陳莫。

③尸羅善現（Śila-subhūti）　尸羅，譯作戒：善現，譯作須菩提。

難，生時又無善因，當據本業所感地獄，自然先渡此
海，海東十萬由旬❶又有一海，其苦倍此，彼海之東
又有一海，其苦復倍；三業惡因之所招感，共號業
海，其處是也。』聖女又問鬼王無毒曰：『地獄何
在？』無毒答曰：『三海之內是大地獄，其數百千各
各差別，所謂大者，具有十八❷，次有五百，苦毒無
量，次有千百，亦無量苦。』

「聖女又問大鬼王曰：『我母死來未久，不知魂
神當至何趣？』鬼王問聖女曰：『菩薩之母，在生習
何行業？』聖女答曰：『我母邪見，譏毀三寶，設或
暫信，旋又不敬，死雖日淺，未知生處。』無毒問
曰：『菩薩之母，姓氏何等？』聖女答曰：『我父、
我母俱婆羅門種，父號尸羅善現❸，母號悅帝利。』
無毒合掌啟菩薩曰：『願聖者卻返本處，無至憂悲
戀。悅帝利罪女生天以來經今三日，云承孝順之子爲
母設供修福，布施覺華定自在王如來塔寺，非唯菩薩
之母脫地獄，應是無間罪人，此日悉得受樂，俱同生
訖。』鬼王言畢，合掌而退，婆羅門女尋如夢歸。悟
此事已，便於覺華定自在王如來塔像之前立弘誓願：
『願我盡未來劫，應有罪苦眾生，廣設方便，使令解
脫。』」

　　佛告文殊師利：「時，鬼王無毒者，當今財首菩

Ksitigarbha

地藏菩薩

地藏菩薩像

❶財首菩薩　據《佛名經》所說，因有信、戒、多聞、捨、慧、慚、愧七財
　寶，故稱財首。又據《觀佛三昧經》說，此菩薩已獲得甚深首楞嚴定，登
　等覺位。

薩❶是；婆羅門女者，即地藏菩薩是。」

Ksitigarbha

地藏菩薩

千體地藏

分身集會品第二

爾時，百千萬億不可思、不可議、不可量、不可說無量阿僧祇劫世界所有地獄處分身地藏菩薩俱來集在忉利天宮，以如來神力故，各以方便與諸得解脫從業道出者，亦各有千萬億那由他數，共持香華來供養佛。彼諸同來等輩皆因地藏菩薩教化，永不退轉阿耨多羅三藐三菩提，是諸眾等久遠劫來流浪生死，六道受苦暫無休息；以地藏菩薩廣大慈悲深誓願故，各獲果證，既至忉利，心懷踊躍，瞻仰如來目不暫捨。

爾時，世尊舒金色臂，摩百千萬億不可思、不可議、不可量、不可說無量阿僧祇世界諸分身地藏菩薩摩訶薩頂，而作是言：「吾於五濁惡世，教化如是剛彊眾生，令心調伏，捨邪歸正，十有一二，尚惡習在，吾亦分身千百億，廣設方便；或有利根聞即信受，或有善果勤勸成就，或有暗鈍久化方歸，或有業重不生敬仰，如是等輩眾生，各各差別，分身脫度。或現男子身、或現女人身、或現天龍身、或現神鬼身、或現山林、川原、河池、泉井，利及於人，悉現度脫；或現天帝身、或現梵王身、或現轉輪王身、或現居士身、或現國王身、或現宰輔身、或現官屬身、或現比丘、比丘尼、優婆塞、優婆夷身，乃至聲聞、

Ksitigarbha

地藏菩薩

地藏菩薩像

羅漢、辟支佛、菩薩等身而以化度，非但佛身獨現其前。

　　汝觀吾累劫勤苦度脫如是等難化剛彊罪苦眾生，其有未調伏者，隨業報應，若隨惡趣，受大苦時。汝當憶念吾在忉利天宮殷勤付囑，令娑婆世界至彌勒出世已來眾生，悉使解脫！永離諸苦，遇佛授記。」

　　爾時，諸世界分身地藏菩薩共復一形，涕淚哀戀，白其佛言：「我從久遠劫來蒙佛接引，使獲不可思議神力，具大智慧。我所分身遍滿百千萬億恒河沙世界，每一世界化百千萬億身，每一身度百千萬億人，令歸敬三寶，永離生死至涅槃樂；但於佛法中所爲善事，一毛一渧、一沙一塵，或毫髮許，我漸度脫使獲大利。唯願世尊不以後世惡業眾生爲慮！」如是三白佛言：「唯願世尊不以後世惡業眾生爲慮！」

　　爾時，佛讚地藏菩薩言：「善哉，善哉！吾助汝喜，汝能成就久遠劫來發弘誓願，廣度將畢，即證菩提。」

Ksitigarbha

地藏菩薩

地藏菩薩像

❶摩耶　（Māyā）釋尊之母。

❷常住　即共同使用的常住物，又稱四方僧物。共分四種：一、常住常住，
　　即眾僧的廚庫、寺舍、眾具、華果等；二、十方常住，如日日供僧之常
　　食；三、現前現前，各比丘所屬之私物；四、十方現前，即亡僧所遺之
　　物。

觀眾生業緣品第三

　　爾時，佛母摩耶夫人❶恭敬合掌問地藏菩薩言：「聖者！閻浮眾生造業差別，所受報應其事云何？」

　　地藏答言：「千萬世界乃及國土，或有地獄、或無地獄、或有女人、或無女人，或有佛法、或無佛法，乃至聲聞、辟支佛亦復如是，非但地獄罪報一等。」

　　摩耶夫人重白菩薩：「且願聞於閻浮罪報所感惡趣。」

　　地藏答言：「聖母！唯願聽受，我麁說之。」

　　佛母白言：「願聖者說。」

　　爾時，地藏菩薩白聖母言：「南閻浮提罪報名號如是。若有眾生不孝父母或至殺害，當墮無間地獄，千萬億劫求出無期；若有眾生出佛身血，毀謗三寶，不敬尊經，亦當墮於無間地獄，千萬億劫求出無期；若有眾生侵損常住❷，點污僧尼；或伽藍內恣行淫欲，或殺或害，如是等輩當墮無間地獄，千萬億劫求出無期；若有眾生偽作沙門，心非沙門，破用常住，欺誑白衣，違背戒律，種種造惡，如是等輩當墮無間地獄，千萬億劫求出無期；若有眾生偷竊常住財物、穀米、飲食、衣服，乃至一物不與取者，當墮無間地

Ksitigarbha

地藏菩薩

地藏菩薩像

獄，千萬億劫求出無期。」

地藏白言：「聖母！若有眾生作如是罪，當墮五無間地獄，求暫停苦一念不得。」

摩耶夫人重白地藏菩薩言：「云何名為無間地獄？」

地藏白言：「聖母！諸有地獄在大鐵圍山之內，其大地獄有一十八所，次有五百，名號各別，次有千百，名字亦別。無間獄者，其獄城周匝八萬餘里，其城鈍鐵高一萬里，城上火聚少有空缺，其獄城中諸獄相連，名號名別，獨有一獄名曰無間；其獄周匝萬八千里，獄牆高一千里悉是鐵為，上火徹下，下火徹上，鐵蛇、鐵狗吐火馳逐，獄牆之上東西而走；獄中有床遍滿萬里，一人受罪，自見其身遍臥滿床，千萬人受罪，亦各自見身滿床上，眾業所感獲報如是。

「又諸罪人備受眾苦，千百夜叉及以惡鬼，口牙如劍，眼如電光，手復銅爪拖拽罪人；復有夜叉執大鐵戟，中罪人身，或中口鼻，或中腹背，拋空翻接，或置床上；復有鐵鷹啗罪人目，復有鐵蛇繳罪人頸，百肢節內悉下長釘，拔舌耕犁，抽腸剉斬，洋銅灌口，熱鐵纏身，萬死千生，業感如是，動經億劫求出無期；此界壞時寄生他界，他界次壞轉寄他方，他方壞時展轉相寄，此界成後還復而來，無間罪報其事如

Ksitigarbha

地藏菩薩

地藏菩薩像

是。

「又五事業感故稱無間，何等爲五？一者、日夜受罪以至劫數，無時間絕，故稱無間；二者、一人亦滿，多人亦滿，故稱無間；三者、罪器、叉棒、鷹蛇、狼犬，碓磨、鋸鑿、剉斫、鑊湯、鐵網、鐵繩、鐵驢、鐵馬，生革絡首、熱鐵澆身、飢吞鐵丸、渴飲鐵汁，從年竟劫數那由他，苦楚相連更無間斷，故稱無間；四者、不問男子、女人、羌胡夷狄、老幼貴賤，或龍、或神、或天、或鬼，罪行業感，悉同受之，故稱無間；五者、若墮此獄，從初入時至百千劫，一日一夜萬死萬生，求一念間暫住不得，除非業盡方得受生，以此連綿，故稱無間。」

地藏菩薩白聖母言：「無間地獄麁說如是，若廣說地獄罪器等名及諸苦事，一劫之中求說不盡。」摩耶夫人聞已，愁憂合掌，頂禮而退。

Ksitigarbha

地藏菩薩

①阿逸多（Ajita） 又作阿氏多、阿制多。勒彌菩薩的字。

②性識 衆生的性質或心。

③一切智成就如來 如來（Tathāgata）有二解，一、由如來生，二、向如而去，故又稱如去，一切智成就如來，即成就一切智的如來之意，為佛的尊稱。

④應供（Arhat） 是應受一切天地衆生供養之意。

⑤正遍知（Samayakṣam buddha） 正確而且遍知一切法。

⑥明行足（Vidyācaraṇas aṃpanna） 具足宿命、天眼、漏盡之三明行。

⑦善逝（Sugata） 以一切智行八正道而入涅槃。

⑧世間解（Lokavit） 充分了解世間的有情、非情、一切種之煩惱及清淨。

⑨無上士（Anutara） 如一切諸法中涅槃為至上，佛是一切衆生之中最無上者。

⑩調御丈夫（Puruṣada myasārathi） 因佛大慈大智，有時以柔軟語，有時以苦切語，能調節丈夫，使入善道。

⑪天人師（Sāstā） 佛是人天的導師，善於教示應作、不應作，善、不善。

⑫佛（Buddha） 是知者、覺者，世尊（Bhagavat 或 Kanātha）具足如上九號，為世間所尊重，故名之。以上具為讚歎佛之功德的尊稱，為如來十號。

閻浮眾生業感品第四

　　爾時，地藏菩薩摩訶薩白佛言：「世尊！我承佛如來威神力故，遍百千萬億世界分是身形，救拔一切業報眾生，若非如來大慈力故，即不能作如是變化。我今又蒙佛付囑：『至阿逸多❶成佛已來，六道眾生遣令度脫。』唯然，世尊！願不有慮！」

　　爾時，佛告地藏菩薩：「一切眾生未解脫者，性識❷無定，惡習結業，善習結果，爲善爲惡逐境而生，輪轉五道暫無休息，動經塵劫迷惑障難；如魚遊網，將是長流脫入暫出，又復遭網。以是等輩，吾當憂念，汝既畢是往願，累劫重誓，廣度罪輩，吾復何慮？」

　　說是語時‧會中有一菩薩摩訶薩名定自在王，白佛言：「世尊！地藏菩薩累劫已來各發何願？今蒙世尊殷勤讚歎，唯願世尊略而說之。」

　　爾時，世尊告定自在王菩薩：「諦聽！諦聽！善思念之，吾當爲汝分別解說。乃往過去無量阿僧祇那由他不可說劫，爾時，有佛號一切智成就如來❸、應供❹、正遍知❺、明行足❻、善逝❼、世間解❽、無上士❾、調御丈夫❿、天人師⓫、佛⓬世尊！其佛壽命六萬劫，未出家時爲小國王，與一鄰國王爲友，同行

Ksitigarbha

地藏菩薩

地藏菩薩像

①羅漢（Arhāt）　即阿羅漢。極小乘悟之位，亦指其位之人。

十善饒益眾生。其鄰國內，所有人民多造眾惡，二王議計廣設方便，一王發願：『早成佛道，當度是輩，令使無餘。』一王發願：『若不先度罪苦，令是安樂得至菩提，我終未願成佛。』」

佛告定自在王菩薩：「一王發願早成佛者，即一切智成就如來是；一王發願永度罪苦眾生，未願成佛者，即地藏菩薩是。

「復於過去無量阿僧祇劫，有佛出世，名清淨蓮華目如來，其佛壽命四十劫。像法之中有一羅漢❶，福度眾生因次教化，遇一女人字曰光目，設食供養，羅漢問之：『欲願何等？』光目答言：『我以母亡之日資福救拔，未知我母生處何趣？』羅漢愍之，為入定觀，見光目女母墮在惡趣，受極大苦。羅漢問光目言：『汝母在生作何行業，今在惡趣受極大苦？』光目答言：『我母所習，唯好食噉魚、鱉之屬，所食魚、鱉多食其子，或炒或煮，恣情食噉，計其命數，千萬復倍；尊者慈愍！如何哀救？』羅漢愍之，為作方便，勸光目言：『汝可志誠念清淨蓮華目如來，兼塑畫形像，存亡獲報。』

「光目聞已，即捨所愛，尋畫佛像而供養之，復恭敬心悲泣瞻禮，忽於夜後夢見佛身，金色晃耀如須彌山，放大光明而告光目：『汝母不久當生汝家，纔

Ksitigarbha

地藏菩薩

地藏菩薩像

❶三塗　塗是途之意。指火途、血途、刀途三者。所謂火途是被地獄趣的猛
　　火所燒之處。血途是畜生趣互相噉食之處。刀途是餓鬼趣受刀劍杖逼迫之
　　處。

覺飢寒，即當言説。』

「其後家内，婢生一子，未滿三日而乃言説，稽首悲泣告於光目：『生死業緣果報自受！吾是汝母，久處暗冥，自別汝來，累墮大地獄：蒙汝福力，方得受生，爲下賤人，又復短命，壽年十三，更落惡道，汝有何計令吾脱免？』

「光目聞説，知母無疑，哽咽悲啼而白婢子：『既是我母，合知本罪，作何行業墮於惡道？』婢子答言：『以殺害、毀罵二業受報，若非蒙福，救拔吾難，以是業故，未合解脱。』

光目問言：『地獄罪報其事云何？』婢子答言：『罪苦之事，不忍稱説，百千歲中，卒白難竟。』光目聞已，啼淚號泣而白空界：『願我之母永脱地獄，畢十三歲，更無重罪及歷惡道！十方諸佛慈哀愍我，聽我爲母所發廣大誓願：若得我母，永離三塗◉及斯下賤乃至女人之身，永劫不受者，願我自今日後，對清淨蓮華目如來像前，却後百千萬億劫中，應有世界所有地獄，及三惡道諸罪苦眾生，誓願救拔令離地獄、惡趣、畜生、餓鬼等。如是罪報等人盡成佛竟，我然後方成正覺！』

「發誓願已，具聞清淨蓮華目如來而告之曰：『光目！汝大慈愍，善能爲母發如是大願。吾觀汝

Ksitigarbha

地藏菩薩

地藏菩薩像

①梵志（Brahmacārin）　志求梵天法者。

母，十三歲畢，捨此報已，生爲梵志❶，壽年百歲；
過是報後，當生無憂國土，壽命不可計劫；後成佛
果，廣度人天，數如恒河沙。』」

佛告定自在王：「爾時，羅漢福度光目者，即無
盡意菩薩是；光目母者，即解脫菩薩是；光目女者，
即地藏菩薩是，過去久遠劫中，如是慈愍，發恒河
沙願廣度眾生。未來世中，若有男子、女人不行善
者、行惡者，乃至不信因果者、邪婬妄語者、兩舌惡
口者、毀謗大乘者，如是諸業眾生必墮惡趣。若遇善
知識，勸令一彈指間歸依地藏菩薩，是諸眾生即得解
脫三惡道報；若能志心歸敬及瞻禮讚歎，香華、衣服
種種珍寶，或復飲食，如是奉事者，未來百千萬億劫
中，常在諸天受勝妙樂，若天福盡下生人間，猶百千
劫常爲帝王，能憶宿命因果本末。定自在王！如是，
地藏菩薩有如此不可思議大威神力，廣利眾生，汝等
諸菩薩當記是經，廣宣流布。」

定自在王白佛言：「世尊！願不有慮，我等千萬
億菩薩摩訶薩必能承佛威神，廣演是經，於閻浮提，
利益眾生。」定自在王菩薩白世尊已，合掌恭敬作禮
而退。

爾時，四方天王俱從座起，合掌恭敬白佛言：
「世尊！地藏菩薩於久遠劫來發如是大願，云何至今

Ksitigarbha

地藏菩薩

地藏菩薩像

猶度未絕，更發廣大誓言？唯願世尊為我等說。」

　　佛告四天王：「善哉！善哉！吾今為汝及未來現在天人眾等廣利益故，說地藏菩薩於娑婆世界，閻浮提內，生死道中，慈哀救拔，度脫一切罪苦眾生方便之事。」

　　四天王言：「唯然，世尊！願樂欲聞。」

　　佛告四天王：「地藏菩薩久遠劫來迄至于今，度脫眾生猶未畢願，慈愍此世罪苦眾生，復觀未來無量劫中因蔓不斷，以是之故又發重願；如是，菩薩於娑婆世界閻浮提中，百千萬億方便而為教化。

　　「四天王！地藏菩薩若遇殺生者，說宿殃短命報；若遇竊盜者，說貧窮苦楚報；若遇邪婬者，說雀鴿鴛鴦報；若遇惡口者，說眷屬鬥諍報；若遇毀謗者，說無舌瘡口報；若遇瞋恚者，說醜陋癃殘報；若遇慳悋者，說所求違願報；若遇飲食無度者，說飢渴咽病報；若遇畋獵恣情者，說驚狂喪命報；若遇悖逆父母者，說天地災殺報；若遇燒山林木者，說狂迷取死報；若遇前後父母惡毒者，說返生鞭撻現受報；若遇網捕生雛者，說骨肉分離報；若遇毀謗三寶者，說盲聾瘖瘂報；若遇輕法慢教者，說永處惡道報；若遇破用常住者，說億劫輪迴地獄報；若遇污梵誣僧者，說永在畜生報；若遇湯火斬斫傷生者，說輪迴遞償報；

Ksitigarbha

地藏菩薩

地藏菩薩像

①邊地受生　在邊鄙的土地受生，原意指生於印度以外土地。

若遇破戒犯齋者，說禽獸飢餓報；若遇非理毀用者，說所求闕絕報；若遇吾我貢高者，說卑使下賤報；若遇兩舌鬥亂者，說無舌百舌報；若遇邪見者，說邊地受生❶報；如是等閻浮提眾生，身口意業惡習結果，百千報應，今麁略說。

　　「如是等閻浮提眾生業感差別，地藏菩薩百千方便而教化之；是諸眾生先受如是等報，後墮地獄，動經劫數無有出期，是故汝等護人、護國，無令是諸業迷惑眾生。」四天王聞已，涕淚悲歎，合掌而退。

Ksitigarbha

地藏菩薩

①四眾 即比丘、比丘尼、優婆塞、優婆夷。

②地獄名號 一般於地獄名號多舉八寒、八熱地獄,或合稱十六地獄。據
《大智度論》所述,八熱地獄為:一、活大地獄,二、黑繩地獄,三、合
會地獄,四、叫喚大地獄,五、大叫喚大地獄,六、大熱地獄,七、大熱
大地獄,八、阿鼻大地獄。八寒地獄為:一、頞浮陀地獄,二、尼羅浮陀
地獄,三、阿羅羅地獄,四、阿婆婆地獄,五、睺睺地獄,六、漚波羅地
獄,七、婆特摩地獄,八、摩訶波頭摩地獄。

③極無間 一般將無間視為阿鼻的漢譯,但本經則分為二獄。《楞嚴經》也
有二獄說。阿鼻無間是主地獄,四角以下是眷屬地獄。

地獄名號品第五

爾時，普賢菩薩摩訶薩白地藏菩薩言：「仁者！願爲天龍四眾❶及未來現在一切眾生，說娑婆世界及閻浮提罪苦眾生所受報處，地獄名號及惡報等事，使未來世末法眾生知是果報。」

地藏答言：「仁者！我今承佛威神及大士之力，略說地獄名號❷及罪報惡報之事。仁者！閻浮提東方有山號曰鐵圍，其山黑邃，無日月光；有大地獄號極無間❸，又有地獄名大阿鼻，復有地獄名曰四角，復有地獄名曰飛刀，復有地獄名曰火箭，復有地獄名曰夾山，復有地獄名曰通槍，復有地獄名曰鐵車，復有地獄名曰鐵床，復有地獄名曰鐵牛，復有地獄名曰鐵衣，復有地獄名曰千刃，復有地獄名曰鐵驢，復有地獄名曰洋銅，復有地獄名曰抱柱，復有地獄名曰流火，復有地獄名曰耕舌，復有地獄名曰剉首，復有地獄名曰燒腳，復有地獄名曰啗眼，復有地獄名曰鐵丸，復有地獄名曰諍論，復有地獄名曰鐵鈇，復有地獄名曰多瞋。」

地藏白言：「仁者！鐵圍之內有如是等地獄，其數無限，更有叫喚地獄，拔舌地獄、糞尿地獄、銅鎖地獄、火象地獄、火狗地獄、火馬地獄、火牛地獄、

Ksitigarbha

地藏菩薩

六地藏（其一）

①盤繳　盤是圍繞，繳是纏繞。

火山地獄、火石地獄、火床地獄、火梁地獄、火鷹地獄、鋸牙地獄、剝皮地獄、飲血地獄、燒手地獄、燒腳地獄、倒刺地獄、火屋地獄、鐵屋地獄、火狼地獄，如是等地獄，其中各各復有諸小地獄，或一或二、或三或四，乃至百千，其中名號各各不同。」

地藏菩薩告普賢菩薩言：「仁者！此者皆是南閻浮提行惡眾生，業感如是業力甚大，能敵須彌，能深巨海，能障聖道，是故眾生莫輕小惡，以為無罪，死後有報，纖毫受之，父子至親，歧路各別，縱然相逢，無肯代受。我今承佛威力，略說地獄罪報之事，唯願仁者暫聽是言。」

普賢答言：「吾以久知三惡道報，望仁者說，今後世末法一切惡行眾生，聞仁者說，使令歸佛。」

地藏白言：「仁者！地獄罪報其事如是。或有地獄，取罪人舌，使牛耕之；或有地獄，取罪人心，夜叉食之；或有地獄，鑊湯盛沸，煮罪人身；或有地獄，赤燒銅柱，使罪人抱；或有地獄，使諸火燒，趁及罪人；或有地獄，一向寒水；或有地獄，無限糞尿；或有地獄，純飛鏃鋉；或有地獄，多攢火槍；或有地獄，唯撞胸背；或有地獄，但燒手足；或有地獄，盤繳●鐵蛇；或有地獄，驅逐鐵狗；或有地獄，盡駕鐵騾。仁者！如是等報，各各獄中有百千種業道

Ksitigarbha

地藏菩薩

六地藏（其二）

之器，無非是銅、是鐵、是石、是火，此四種物眾業
行感，若廣說地獄罪報等事，一一獄中更有百千種苦
楚，何況多獄！我今承佛威神及仁者問，略說如是，
若廣解說，窮劫不盡。」

Ksitigarbha

地藏菩薩

六地藏（其三）

①天龍八部　即天、龍、夜叉、乾闥婆、阿修羅、迦樓羅、緊那羅、摩睺羅
　伽。

如來讚歎品第六

　　爾時，世尊舉身放大光明，遍照百千萬億恒河沙等諸佛世界，出大音聲，普告諸佛世界一切諸菩薩摩訶薩及天、龍、鬼神、人非人等：「聽吾今日稱揚讚歎地藏菩薩摩訶薩，於十方世界現大不可思議威神慈悲之力，救護一切罪苦之事。吾滅度後，汝等諸菩薩大士及天龍鬼神等，廣作方便衛護是經，令一切眾生證涅槃樂。」

　　說是語已，會中有一菩薩，名曰普廣，合掌恭敬而白佛言：「今見世尊讚歎地藏菩薩有如是不可思議大威神德，唯願世尊爲未來世末法眾生，宣說地藏菩薩利益人天因果等事，使諸天龍八部 ● 及未來世眾生，頂受佛語。

　　爾時，世尊告普廣菩薩及四眾等：「諦聽，諦聽！吾當爲汝略說地藏菩薩利益人天福德之事。」

　　普廣白言：「唯然，世尊！願樂欲聞。」

　　佛告普廣菩薩：「未來世中，若有善男子、善女人聞是地藏菩薩摩訶薩名者，或合掌者、讚歎者、作禮者、戀慕者，是人超越三十劫罪。普廣！若有善男子、善女人或彩畫形像，或土石膠漆、金銀銅鐵作此菩薩，一瞻一禮者，是人百返生於三十三天，永不墮

Ksitigarbha

地藏菩薩

六地藏（其四）

❶除非　指除了摩耶夫人為了永為千佛之母，而發永受女身之願外，俱得不
　　　受女身。

於惡道；假如天福盡故，下生人間，猶爲國王，不失大利。

「若有女人，厭女人身，盡心供養地藏菩薩畫像，及土石、膠漆、銅鐵等像，如是日日不退，常以華香、飲食、衣服、繒綵、幢旛、錢、寶物等供養，是善女人盡此一報女身，百千萬劫更不生有女人世界，何況復受！除非●慈願力故，要受女身，度脫眾生；承斯供養地藏力故及功德力，百千萬劫不受女身。復次，普廣！若有女人，厭是醜陋多疾病者，但於地藏像前志心瞻禮，食頃之間，是人千萬劫中所受生身，相貌圓滿，是醜陋女人如不厭女身，即百千萬億生中常爲王女，乃及王妃、宰輔、大姓、大長者女，端正受生，諸相圓滿，由志心故，瞻禮地藏菩薩獲福如是。

「復次，普廣！若有善男子、善女人能對菩薩像前，作諸伎樂及歌詠、讚歎、香華供養，乃至勸於一人多人，如是等輩，現在世中及未來世，常得百千鬼神日夜衛護，不令惡事輒聞其耳，何況親受諸橫！

「復次，普廣！未來世中，若有惡人及惡神、惡鬼，見有善男子、善女人歸敬供養，讚歎瞻禮地藏菩薩形像，或妄生譏毀，謗無功德及利益事，或露齒笑、或背面非、或勸人共非、或一人非、或多人非，

Ksitigarbha
地藏菩薩

六地藏（其五）

① 賢劫　現在住劫增減中有千佛出世，故尊稱為賢劫或善劫。過去住劫稱為莊嚴劫，未來住劫稱為星宿劫。

② 五無間罪　與五逆罪同。感無間地獄苦果的五種惡罪。即一、殺父，二、殺母，三、殺阿羅漢，四、出佛身血，五、破和合僧。

③ 宿命　宿世的生命，即過去一生以至無量生的受報差別、善惡苦樂等所有情態。

乃至一念生譏毀者，如是之人，賢劫❶千佛滅度，譏
毀之報尚在阿鼻地獄受極重罪；過是劫已方受餓鬼，
又經千劫復受畜生，又經千劫方得人身，縱受人身，
貧窮下賤，諸根不具，多被惡業，來結其心，不久之
間，復墮惡道。是故，普廣！譏毀他人供養，尚獲此
報，何況別生惡見毀滅！

　　「復次，普廣！若未來世有男子、女人久處床
枕，求生求死了不可得，或夜夢惡鬼乃及家親，或遊
險道，或多魘寐，共鬼神遊，日月歲深轉復尪瘵，眠
中叫苦慘悽不樂者，此皆是業道論對，未定輕重，或
難捨壽，或不得愈。男女俗眼不辨是事，但當對諸佛
菩薩像前，高聲轉讀此經一遍，或取病人可愛之物，
或衣服、寶貝、莊園、舍宅，對病人前高聲唱言：
『我某甲等，為是病人對經像前捨諸等物，或供養經
像，或造佛菩薩形像，或造塔寺，或然油燈，或施常
住。』如是三白病人，遣令聞知。假令諸識分散至氣
盡者，乃至一日、二日、三日、四日，至七日已來，
但高聲白，高聲讀經，是人命終之後，宿殃重罪至于
五無間罪❷永得解脫，所受生處常知宿命❸，何況善
男子、善女人自書此經，或教人書，或自塑畫菩薩形
像，乃至教人塑畫，所受果報必獲大利。是故，普
廣！若見有人讀頌是經，乃至一念讚歎是經，或恭敬

Ksitigarbha

地藏菩薩

六地藏（其六）

① 宿世（Pūrva）　宿昔之世。前世以至無量前世。

者，汝須百千方便勸是等人勤心莫退，能得未來現在千萬億不可思議功德。

「復次，普廣！若未來世諸眾生等，或夢或寐見諸鬼神，乃及諸形，或悲、或啼、或愁、或歎、或恐、或怖，此皆是一生、十生、百生、千生過去父母、男女、弟妹、夫妻、眷屬在於惡趣，未得出離，無處希望福力救拔，當告宿世❶骨肉，使作方便，願離惡道。普廣！汝以神力遣是眷屬，令對諸佛菩薩像前，志心自讀此經，或請人讀，其數三遍或七遍，如是惡道眷屬，經聲畢是遍數，當得解脫，乃至夢寐之中永不復見。復次，普廣！若未來世，有諸下賤等人，或奴或婢乃至諸不自由之人，覺知宿業，要懺悔者，志心瞻禮地藏菩薩形像，乃至一七日中，念菩薩名可滿萬遍，如是等人盡此報後，千萬生中常生尊貴，更不經三惡道苦。復次，普廣！若未來世中，閻浮提內，刹利、婆羅門、長者、居士一切人等及異姓種族，有新產者，或男或女，七日之中，早與讀誦此經不思議經典，更為念菩薩名可滿萬遍，是新生子，或男或女，宿有殃報，便得解脫，安樂易養，壽命增長，若是承福生者，轉增安樂及與壽命。

「復次，普廣！若未來世眾生於月一日、八日、十四日、十五日、十八日、二十三、二十四、二十

Ksitigarbha

地藏菩薩

六地藏（地獄道）

①十齋　齋（Upāsatha）是清淨之意。指懺悔罪業，後世一般將離非時食稱
　　為齋。

八、二十九日乃至三十日，是諸日等諸罪結集，定其
輕重。南閻浮提眾生舉止動念，無不是業，無不是
罪，何況恣情殺害、竊盜、邪婬、妄語、百千罪狀！
能於是十齋●日，對佛菩薩諸賢聖像前讀是經一遍，
東西南北百由旬內，無諸災難；當此居家，若長若
幼，現在、未來百千歲中永離惡趣，能於十齋日每轉
一遍，現世令此居家無諸橫病，衣食豐溢。是故，普
廣！當知地藏菩薩有如是等不可說百千萬億大威神力
利益之事，閻浮眾生於此大士有大因緣，是諸眾生聞
菩薩名、見菩薩像，乃至聞是經三字五字，或一偈一
句者，現在殊妙安樂，未來之世，百千萬生，常得端
正，生尊貴家。」

　　爾時，普廣菩薩聞佛如來稱揚讚歎地藏菩薩已，
胡跪合掌，復白佛言：「世尊！我久知是大士有如此
不可思議神力，及大誓願力，爲未來眾生遣知利益，
故問如來。唯然，頂受。世尊！當何名此經？使我云
何流布？」

　　佛告普廣：「此經有三名：一名地藏本願，亦名
地藏本行，亦名地藏本誓力經，緣此菩薩久遠劫來，
發大重願，利益眾生，是故汝等，依願流布。」普廣
聞已，合掌恭敬，作禮而退。

Ksitigarbha

地藏菩薩

第二餓鬼道　白色　或本肉色

巾相左手花其上三右其上寶珠

右手施无畏赤蓮花座

六地藏（餓鬼道）

03 《地藏菩薩本願經》卷下

唐于闐國三藏沙門實叉難陀譯

利益存亡品第七

　　爾時，地藏菩薩摩訶薩白佛言：「世尊！我觀是閻浮眾生，舉心動念無非是罪，脫獲善利，多退初心，若遇惡緣念念增益。是等輩人，如履泥塗，負於重石，漸困漸重，足步深邃；若得遇知識替與減負或全與負，是知識有大力故，復相扶助，勸令牢腳，若達平地，須省惡路，無再經歷。

　　「世尊！習惡眾生，從纖毫間便至無量，是諸眾生，有如此習，臨命終時，父母眷屬，宜為設福，以資前路，或懸旛蓋及然油燈，或轉讀尊經，或供養佛像及諸聖像，乃至念佛菩薩及辟支佛名字，一名一號歷臨終人耳根，或聞在本識；是諸眾生所造惡業，計其感果，必墮惡趣，緣是眷屬，為臨終人修此聖因，如是眾罪悉皆銷滅；若能更為身死之後，七七日內，廣造眾善，能使是諸眾生永離惡趣，得生人天，受勝妙樂，現在眷屬利益無量。

　　是故我今對佛世尊及天龍八部、人非人等，勸於

Ksitigarbha

地藏菩薩

左蓮花其上在輪寶 右手有胸章 第三畜生道 白色 或肉色

六地藏（畜生道）

閻浮提眾生，臨終之日，慎勿殺害及造惡緣，拜祭鬼神，求諸魍魎。何以故？爾所殺害乃至拜祭，無纖毫之力利益亡人，但結罪緣，轉增深重。假使來世，或現在生，得獲聖分，生人天中，緣是臨終，被諸眷屬造是惡因，亦令是命終人，殃累對辯晚生善處，何況臨命終人在生未曾有少善根，各據本業自受惡趣，何忍眷屬更爲增業！譬如有人從遠地來，絕糧三日，所負擔物，過百斤，忽遇鄰人更附少物，以是之故轉復困重。世尊！我觀閻浮眾生，但能於諸佛教中，乃至善事，一毛一渧、一沙一塵，如是利益悉皆自得。」

　　說是語時，會中有一長者名曰大辯，是長者久證無生，化度十方，現長者身，合掌恭敬問地藏菩薩言：「大士！是南閻浮提眾生命終之後，小大眷屬爲修功德，乃至設齋造眾善因，是命終人得大利益及解脫不？」

　　地藏答言：「長者！我今爲未來、現在一切眾生，承佛威力，略說是事。長者！未來、現在諸眾生等，臨命終日得聞一佛名、一菩薩名、一辟支佛名，不問有罪、無罪悉得解脫。

　　「若有男子、女人在生不修善因，多造眾罪，命終之後，眷屬小大爲造福利；一切聖事，七分之中而乃獲一，六分功德生者自利，以是之故，未來、現在

Ksitigarbha

地藏菩薩

左手蓮花上在鈎 右手施无畏

菩西修羅道 白乞 茨白肉色 赤蓮

六地藏（修羅道）

①齋　即齋食，此處是設齋食供養佛僧之意。

善男善女等，聞健自修，分分已獲。

「無常大鬼不期而到，冥冥遊神未知罪福，七七日內如癡如聾，或在諸司辯論業果，審定之後據業受生，未測之間千萬愁苦，何況墮於諸惡趣等！

「是命終人未得受生，在七七日內念念之間，望諸骨肉眷屬與造福力救拔，過是日後隨業受報，若是罪人動經千百歲中無解脫日，若是五無間罪墮大地獄，千劫萬劫永受眾苦。

「復次，長者如是罪業眾生命終之後，眷屬骨肉爲修營齋 ●資助業道，未齋食竟及營齋之次，米泔菜葉不棄於地，乃至諸食未獻佛僧，勿得先食，如有違食及不精勤，是命終人了不得力；如精勤護淨奉獻佛僧，是命終人七分獲一。是故，長者！閻浮眾生若能爲其父母乃至眷屬，命終之後，設齋供養，志心勤懇，如是之人，存亡獲利。」

說是言時，忉利天宮有千萬億那由他閻浮鬼神，悉發無量菩提之心，大辯長者作禮而退。

Ksitigarbha

地藏菩薩

赤蓮花坐 左手蓮花 右手上

第五人道 白色 或肉色

六地藏（人道）

❶閻羅（Yamarāja） 又作耶魔（天部之一）、琰魔（冥王）。此魔又稱雙
世雙王。其兄及妹皆作地獄主，兄治男事，妹治女事。為地獄總司。

閻羅王眾讚歎第八

　　爾時，鐵圍山內有無量鬼王與閻羅天子❶俱詣忉利，來到佛所，所謂惡毒鬼王、多惡鬼王、大諍鬼王、白虎鬼王、血虎鬼王、赤虎鬼王、散殃鬼王、飛身鬼王、電光鬼王、狼牙鬼王、千眼鬼王、噉獸鬼王、負石鬼王、主耗鬼王、主禍鬼王、主食鬼王、主財鬼王、主畜鬼王、主禽鬼王、主獸鬼王、主魅鬼王、主產鬼王、主命鬼王、主疾鬼王、主險鬼王、三目鬼王、四目鬼王、五目鬼王、祁利失王、大祁利失王、祁利叉王、大祁利叉王、阿那吒王、大阿那吒王，如是等大鬼王，各各與百千諸小鬼王，盡居閻浮提，各有所執，各有所主，是諸鬼王與閻羅天子承佛威神及地藏菩薩摩訶薩力，俱詣忉利在一面立。

　　爾時，閻羅天子胡跪合掌白佛言：「世尊！我等今者與諸鬼王承佛威神及地藏菩薩摩訶薩力，方得詣此忉利大會，亦是我等獲善利故，我今有小疑事敢問世尊，唯願世尊慈悲宣說。」

　　佛告閻羅天子：「恣汝所問，吾為汝說。」

　　是時，閻羅天子瞻禮世尊及迴視地藏菩薩，而白佛言：「世尊！我地藏菩薩在六道中，百千方便而度罪苦眾生，不辭疲倦，是大菩薩有如是不可思議神通

Ksitigarbha

地藏菩薩

第六天道 白色 或肉色
左手蓮花其上閻摩 右手日慶三昧輪曲座

六地藏（天道）

之事，然諸眾生脫獲罪報，未久之間又墮惡道。世尊！是地藏菩薩既有如是不可思議神力，云何眾生而不依止善道永取解脫？唯願世尊爲我解說。」

　　佛告閻羅天子：「南閻浮提眾生，其性剛彊，難調難伏，是大菩薩於百千劫頭頭救拔如是眾生，早令解脫，是罪報人乃至墮大惡趣，菩薩以方便力拔出根本業緣，而遣悟宿世之事，自是閻浮眾生結惡習重，旋出旋入，勞斯菩薩久經劫數而作度脫。

　　「譬如有人迷失本家，誤入險道，其險道中，多諸夜叉及虎狼師子、蚖蛇蝮蠍。如是迷人在險道中，須臾之間即遭諸毒，有一知識多解大術，善禁是毒乃及夜叉諸惡毒等，忽逢迷人欲進險道，而語之言：『咄哉，男子！爲何事故而入此路？有何異術能制諸毒？』是迷路人忽聞是語，方知險道，即便退步求出此路，是善知識提攜接手，引出險道，免諸惡道，至于好道，令得安樂，而語之言：『咄哉，迷人！自今已後，忽履是道。此路入者，卒難得出，復損性命。』是迷路人亦生感重。臨別之時，知識又言：『若見親知及諸路人，若男若女，言於此路多諸毒惡，喪失性命，無令是眾，自取其死。』

　　「是故地藏菩薩具大慈悲，救拔罪苦眾生，生天人中，令受妙樂，是諸罪眾知業道苦，脫得出離，永不

Ksitigarbha

地藏菩薩

地藏菩薩發心十王經（圖版）

① 業結　結是煩惱的別名。業結，指惡業及煩惱。

② 土地分　指各地之所司。猶如知事者。

再歷；如迷路人誤入險道，遇善知識引接令出，永不復入，逢見他人復勸莫入，自言：『因是迷故，得解脫竟，更不復入。』若再履踐猶尚迷誤，不覺舊曾所落險道，或致失命如墮惡趣。地藏菩薩方便力故使令解脫，生人天中，旋又再入，若業結❶重，永處地獄，無解脫時。」

爾時，惡毒鬼王合掌恭敬白佛言：「世尊！我等諸鬼王其數無量，在閻浮提或利益人，或損害人，各各不同，然是業報使我眷屬遊行世界，多惡少善，過人家庭，或城邑、聚落、莊園、房舍，或有男子、女人修毛髮善事，乃至懸一旛一蓋、少香少華，供養佛像及菩薩像，或轉讀尊經，燒香供養，一句一偈，我等鬼王敬禮是人，如過去、現在、未來諸佛，勅諸小鬼，各有大力及土地分❷，便令衛護，不令惡事橫事、惡病橫病乃至不如意事，近於此舍等處，何況入門！」

佛讚鬼王：「善哉，善哉！汝等及與閻羅能如是擁護善男女等，吾亦告梵王帝釋，令衛護汝。」

說是語時，會中有一鬼王名曰主命，白佛言：「世尊！我本業緣主閻浮人命，生時死時，我皆主之，在我本願甚欲利益，自是眾生不會我意，致令生死俱不得安。何以故？是閻浮提人初生之時，不問男女，或欲生時，但作善事，增益舍宅，自今土地無量

Ksitigarbha

地藏菩薩

地藏菩薩發心十王經（圖版）

歡喜，擁護子母，得大安樂，利益眷屬；或已生下，慎勿殺害，取諸鮮味供給產母，及廣聚眷屬飲酒、食肉、歌樂、絃管，能令子母不得安樂。何以故？是產難時，有無數惡鬼及魍魎精魅欲食腥血，是我早令舍宅、土地靈祇荷護子母，使令安樂而得利益，如是之人見安樂故，便合設福答諸土地，翻爲殺害集聚眷屬，以是之故，犯殃自受，子母俱損。

「又閻浮提臨命終人不問善惡，我欲令是命終之人不落惡道，何況自修善根，增我力故！是閻浮提行善之人，臨命終時，亦有百千惡道鬼神，或變作父母乃至諸眷屬，引接亡人令落惡道，何況本造惡者！

「世尊！如是閻浮提男子、女人臨命終時，神識惛昧，不辯善惡，乃至眼耳更無見聞；是諸眷屬當須設大供養，轉讀尊經，念佛菩薩名號，如是善緣能令亡者離諸惡道，諸魔鬼神悉皆退散。世尊！一切眾生臨命終時，若得聞一佛名、一菩薩名，或大乘經典一句一偈，我觀如是輩人除五無間殺害之罪，小小惡業合墮惡趣者，尋即解脫。」

佛告主命鬼王：「汝大慈故，能發如是大願，於生死中護諸眾生，若未來世中有男子、女人至生死時，汝莫退是願，總令解脫，永得安樂。」

鬼王白佛言：「願不有慮，我畢是形，念念擁護

Ksitigarbha

地藏菩薩

地藏菩薩發心十王經（圖版）

閻浮眾生，生時死時俱得安樂，但願諸眾生於生死時，信受我語，無不解脫獲大利益。」

爾時，佛告地藏菩薩：「是大鬼王主命者，已曾經百千生作大鬼王，於生死中擁護眾生，是大士慈悲願故，現大鬼身，實非鬼也。卻後過一百七十劫當得成佛，號曰無相如來，劫名安樂世界名淨住，其佛壽命不可計劫。地藏！是大鬼王其事如是不可思議，所度天人亦不可限量。」

Ksitigarbha

地藏菩薩

地藏菩薩發心十王經（圖版）

❶拘留孫佛（Krakucchanda） 過去七佛之一。現在賢劫千佛中的最上首。

稱佛名號品第九

　　爾時，地藏菩薩摩訶薩白佛言：「世尊！我今為未來眾生演利益事，於生死中得大利益，唯願世尊聽我說之。」

　　佛告地藏菩薩：「汝今欲興慈悲，救拔一切罪苦六道眾生，演不思議事，今正是時，唯當速說；吾即涅槃，使汝早畢是願，吾亦無憂現在未來一切眾生。」

　　地藏菩薩白佛言：「世尊！過去無量阿僧祇劫，有佛出世，號無邊身如來，若有男子、女人聞是佛名，暫生恭敬，即得超越四十劫生死重罪，何況塑畫形像，供養讚歎，其人獲福無量無邊。又於過去恒河沙劫，有佛出世，號寶性如來，若有男子、女人聞是佛名，一彈指頃發心歸依，是人於無上道，永不退轉。

　　「又於過去有佛出世，號波頭摩勝如來，若有男子、女人聞是佛名，歷於耳根，是人當得千返生於六欲天中，何況志心稱念！又於過去不可說不可說阿僧祇劫，有佛出世，號師子吼如來，若有男子、女人聞是佛名，一念歸依，是人得遇無量諸佛摩頂授記。

　　「又於過去，有佛出世，號拘留孫佛❶，若有男

Ksitigarbha

地藏菩薩

地藏菩薩發心十王經（圖版）

子、女人聞是佛名，志心瞻禮，或復讚歎，是人於賢
劫千佛會中爲大梵王，得授上記。

「又於過去有佛出世，號毗婆尸，若有男子、女
人聞是佛名，永不墮惡道，常生人天，受勝妙樂。又
於過去無量無數恒河沙劫，有佛出世，號寶勝如來，
若有男子、女人聞是佛名，畢竟不墮惡趣，常在天
上，受勝妙樂。又於過去有佛出世，號寶相如來，若
有男子、女人聞是佛名，生恭敬心，是人不久得阿羅
漢果。

「又於過去無量阿僧祇劫，有佛出世，號袈裟幢
如來，若有男子、女人聞是佛名者，超一百大劫生死
之罪。又於過去，有佛出世，號大通山王如來，若有
男子、女人聞是佛名者，是人得遇恒河沙佛廣爲說
法，必成菩提。又於過去，有淨月佛、山王佛、智勝
佛、淨名王佛、智成就佛、無上佛、妙聲佛、滿月
佛、月面佛，有如是等不可說佛。

「世尊！現在未來一切眾生，若天、若人、若
男、若女，但念得一佛名號，功德無量，何況多名！
是眾生等，生時死時，自得大利，終不墮惡道。若有
臨命終人，家中眷屬乃至一人，爲是病人高聲念一佛
名，是命終人除五無間罪，餘業報等悉得銷滅，是五
無間罪雖至極重，動經億劫，了不得出，承斯臨命終

Ksitigarbha

地藏菩薩

地藏菩薩像

時，他人為其稱念佛名，於是罪中亦漸銷滅，何況眾
生自稱自念，獲福無量，滅無量罪！」

Ksitigarbha
地藏菩薩

地藏菩薩像

●七寶　七種寶。有關七種寶的名目有種種說法，今舉其中一種：琉璃
（Vaidūrya）、車渠（Musālogalva）、馬碯（Aśvagarbha）、大青寶
（Mahānīla）、帝青寶（Indranīla）、金剛（Hila）、頗梨（Sphatika）。

校量布施功德緣品第十

　　爾時，地藏菩薩摩訶薩承佛威神，從座而起，胡跪合掌白佛言：「世尊！我觀業道眾生校量布施有輕有重，有一生受福，有十生受福，有百生千生受大福利者，是事云何？唯願世尊為我說之。」

　　爾時，佛告地藏菩薩：「吾今於忉利天宮一切眾會，就閻浮提布施校量功德輕重，汝當諦聽，吾為汝說。」

　　地藏白佛言：「我疑是事、願樂欲聞。」

　　佛告地藏菩薩：「南閻浮提有諸國王、宰輔、大臣、大長者、大剎利、大婆羅門等，若遇最下貧窮，乃至癃殘瘖瘂、聾癡無目，如是種種不完具者，是大國王等欲布施等，若能具大慈悲，下心含笑，親手遍布施，或使人施，軟言慰喻，是國王等所獲福利，如布施百恒河沙佛功德之利。何以故？緣是國王等，於是最貧賤輩及不完具者發大慈心，是故福利有如此報，百千生中常得七寶❶具足，何況衣食受用。

　　「復次，地藏！若未來世有諸國王至婆羅門等，遇佛塔寺，或佛形像，乃至菩薩、聲聞、辟支佛像，躬自營辦供養布施，是國王等當得三劫為帝釋身，受勝妙樂，若能以此布施福利迴向法界，是大國王等於

Ksitigarbha

地藏菩薩

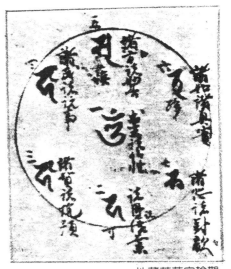

地藏菩薩字輪觀

①轉輪王（Cakravarti-aja）　又稱轉輪聖王。成就七寶，具足四神德、四未曾有法、三十二相，統一須彌四洲，以正法統治世界的大帝王。

②淨居天　證色界第四禪的聖者應生之天，有五天，即一無煩天、二無熱天、三善現天、四善見天、五色究竟天。

③釋、梵、轉輪　指帝釋、大梵天、轉輪聖王。

十劫中，常爲大梵天王。復次，地藏！若未來世有諸
國王至婆羅門等，遇先佛塔廟或至經像，毀壞破落，
乃能發心修補，是國王等或自營辦，或勸他人乃至百
千人等布施結緣，是國王等百千生中常爲轉輪王❶
身，如是他人同布施者，百千生中常爲小國王身；更
能於塔廟前，發迴向心，如是國王乃及諸人盡成佛
道，以此果報無量無邊。

　　「復次，地藏！未來世中有諸國王及婆羅門等，
見諸老病及生產婦女，若一念間，具大慈心，布施醫
藥、飲食、臥具，使令安樂，如是福利最不思議，一
百劫中常爲淨居天❷主，二百劫中常爲六欲天主，畢
竟成佛，永不墮惡道，乃至百千生中，耳不聞苦聲。
復次，地藏！若未來世中有諸國王及婆羅門等，能作
如是布施，獲福無量，更能迴向，不問多少，畢竟成
佛，何況釋、梵、轉輪❸之報！是故地藏！普勸眾生
當如是學。

　　「復次，地藏！未來世中，若善男子、善女人於
佛法中種少善根，毛髮、沙塵等許，所受福利不可爲
喻。復次，地藏！未來世中，若有善男子、善女人遇
佛形像、菩薩形像、辟支佛形像、轉輪王形像，布施
供養得無量福，常在人天受勝妙樂，若能迴向法界，
是人福利不可爲喻。

Ksitigarbha

地藏菩薩

「復次，地藏！未來世中，若有善男子、善女人遇大乘經典，或聽聞一偈一句，發殷重心，讚歎、恭敬、布施、供養，是人獲大果報無量無邊，若能迴向法界，其福不可為喻。

「復次，地藏！若未來世中，有善男子、善女人遇佛塔寺、大乘經典，新者布施供養、瞻禮讚歎、恭敬合掌，若遇故者或毀壞者，修補營理，或獨發心或勸多人同共發心；如是等輩三十生中，常為諸小國王，檀越❶之人，常為輪王，還以善法教化諸小國王。

「復次，地藏！未來世中，若有善男子、善女人於佛法中所種善根，或布施供養、或修補塔寺、或裝理經典，乃至一毛一塵、一沙一渧，如是善事但能迴向法界，是人功德，百千生中受上妙樂，如但迴向自家眷屬，或自身利益，如是之果即三生受樂，捨一得萬報。是故，地藏！布施因緣其事如是。」

Ksitigarbha

地藏菩薩

地藏曼荼羅

地神護法品第十一

爾時，堅牢地神白佛言：「世尊！我從昔來瞻視頂禮無量菩薩摩訶薩，皆是大不可思議神通智慧，廣度眾生，是地藏菩薩摩訶薩於諸菩薩，誓願深重。世尊！是地藏菩薩於閻浮提有大因緣，如文殊、普賢、觀音、彌勒，亦化百千身形度於六道，其願尚有畢竟，是地藏菩薩教化六道一切眾生，所發誓願劫數如千百億恒河沙。

「世尊！我觀未來及現在眾生，於所住處，於南方清潔之地，以土、石、竹、木、作其龕室，是中能塑畫，乃至金銀銅鐵作地藏形像，燒香供養，瞻禮讚歎，是人居處即得十種利益。何等為十？一者、土地豐壤，二者，家宅永安，三者，先亡生天，四者、現存益壽，五者、所求遂意，六者，無水火災，七者，虛耗辟除，八者，杜絕惡夢，九者，出入神護，十者、多遇聖因。世尊！未來世中及現在眾生，若能於所住處方便，作如是供養，得如是利益。」

復白佛言：「世尊！未來世中，若有善男子、善女人，於所住處有此經典及菩薩像，是人更能轉讀經典供養菩薩，我常日夜以本神力衛護是人，乃至水火、盜賊、大橫、小橫，一切惡事悉皆銷滅。」

Ksitigarbha

地藏菩薩

十王圖 初江王

　　佛告堅牢地神：「汝大神力，諸神少及，何以故？閻浮土地悉蒙汝護，乃至草木、沙石、稻麻、竹葦、穀米、寶貝從地而有，皆因汝力，又當稱揚地藏菩薩利益之事，汝之功德及以神通百千倍於常分。地神！若未來世中有善男子、善女人供養菩薩及轉讀是經，但依地藏本願經一事修行者，汝以本神力而擁護之，勿令一切災害及不如意事輒聞於耳，何況令受！

　　「非但汝獨護是人故，亦有釋梵眷屬、諸天眷屬擁護是人，何故得如是聖賢擁護，皆由瞻禮地藏形像及轉讀是本願經故，自然畢竟出離苦海，證涅槃樂，以是之故得大擁護。」

Ksitigarbha

地藏菩薩

十王圖 秦廣王

❶觀世音（Acalokiteśvara） 此菩薩自在的觀照世界，拔除痛苦與喜樂；另外也因此菩薩觀世人稱其名音而垂救濟，故有此名。

見聞利益品第十二

　　爾時，世尊從頂門上放百千萬億大毫相光，所謂白毫相光、大白毫相光、瑞毫相光、大瑞毫相光、玉毫相光、大玉毫相光、紫毫相光、大紫毫相光、青毫相光、大青毫相光、碧毫相光、大碧毫相光、紅毫相光、大紅毫相光、綠毫相光、大綠毫相光、金毫相光、大金毫相光、慶雲毫相光、大慶雲毫相光、千輪毫光、大千輪毫光、寶輪毫光、大寶輪毫光、日輪毫光、大日輪毫光、月輪毫光、大月輪毫光、宮殿毫光、大宮殿毫光、海雲毫光、大海雲毫光，於頂門上放如是等毫相光已，出微妙音，告諸大眾天龍八部、人非人等：「聽吾今日於忉利天宮，稱揚讚歎地藏菩薩於人天中利益等事、不思議事、超聖因事、證十地事、畢竟不退阿耨多羅三藐三菩提事。」

　　說是語時，會中有一菩薩摩訶薩，名觀世音❶，從座而起，胡跪合掌，白佛言：「世尊！是地藏菩薩摩訶薩具大慈悲，憐愍罪苦眾生，於千萬億世界化千萬億身，所有功德及不思議威神之力。我聞世尊與十方無量諸佛異口同音讚歎地藏菩薩云：『正使過去、現在、未來諸佛說其功德，猶不能盡。』向者又蒙世尊普告大眾，欲稱揚地藏利益等事，唯願世尊為現

Ksitigarbha

地藏菩薩

十王圖 變成王

在、未來一切眾生稱揚地藏不思議事，令天龍八部瞻禮獲福。」

佛告觀世音菩薩：「汝於娑婆世界有大因緣，若天、若龍、若男、若女、若神、若鬼，乃至六道罪苦眾生，聞汝名者、見汝形者，戀慕汝者、讚歎汝者，是諸眾生於無上道必不退轉，常生人天，具受妙樂，因果將熟，遇佛授記，汝今具大慈悲憐愍眾生及天龍八部，聽吾宣說地藏菩薩不思議利益之事，汝當諦聽，吾今說之。」

觀世音言：「唯然，世尊！願樂欲聞。」

佛告觀世音菩薩：「未來、現在諸世界中，有天人受天福盡，有五衰相現，或有墮於惡道之者，如是天人若男、若女，當現相時，或見地藏菩薩形像，或聞地藏菩薩名，一瞻一禮，是諸天人，轉增天福，受大快樂，永不墮三惡道報，何況見聞菩薩，以諸香華、衣服、飲食、寶貝、瓔珞布施供養，所獲功德福利，無量無邊。

「復次，觀世音！若未來、現在諸世界中，六道眾生，臨命終時，得聞地藏菩薩名一聲歷耳根者，是諸眾生永不歷三惡道苦，何況臨命終時，父母眷屬將是命終人舍宅、財物、寶貝、衣服、塑畫地藏形像，或使病人未終之時，眼耳見聞，知道眷屬將舍宅寶貝

Ksitigarbha

地藏菩薩

十王圖 閻魔王

等，為其自身塑畫地藏菩薩形像，是人若是業報合受重病者，承斯功德，尋即除愈，壽命增益，是人若是業報命盡，應有一切罪障業障合墮惡趣者，承斯功德，命終之後，即生人天，受勝妙樂，一切罪障悉皆銷滅。

「復次，觀世音菩薩！若未來世，有男子、女人或乳哺時、或三歲、五歲、十歲已下，亡失父母乃及亡失兄弟姊妹，是人年既長大，思憶父母及諸眷屬，不知落在何趣？生何世界？生何天中？是人若能塑畫地藏菩薩形像，乃至聞名一瞻一禮，一日至七日，莫退初心，聞名見形瞻禮供養。是人眷屬假因業故墮惡趣者，計當劫數，承斯男女兄弟姊妹塑畫地藏形像瞻禮功德，尋即解脫；生人天中受勝妙樂者，即承斯功德轉增聖因，受無量樂。

「是人更能三七日中，一心瞻禮地藏形像，念其名字滿於萬遍，當得菩薩現無邊身，具告是人眷屬生界；或於夢中，菩薩現大神力，親領是人，於諸世界見諸眷屬。更能每日念菩薩名千遍，至于千日，是人當得菩薩遣所在土地鬼神，終身衛護，現世衣食豐溢，無諸疾苦，乃至橫事不入其門，何況及身！是人畢竟得菩薩摩頂授記。

「復次，觀世音菩薩！若未來世有善男子、善女

Ksitigarbha

地藏菩薩

十王圖　五官王

❶五辛　大蒜、小蒜（蘭蔥）、興渠、慈蔥、茖蔥等五種具有辛味的蔬菜。

人欲發廣大慈心救度一切眾生者，欲修無上菩提者，欲出離三界者，是諸人等見地藏形像及聞名者，至心歸依，或以香華、衣服、寶貝、飲食供養瞻禮，是善男、女等所願速成，永無障礙。

　　「復次，觀世音！若未來世有善男子、善女人欲求現在、未來百千萬億等願，百千萬億等事，但當歸依瞻禮、供養讚歎地藏菩薩形像，如是所願所求，悉皆成就。復願地藏菩薩具大慈悲，永擁護我，是人於睡夢中即菩薩摩頂授記。

　　「復次，觀世音菩薩！若未來世善男子、善女人於大乘經典深生珍重，發不思議心，欲讀欲誦，縱遇明師，教視令熟，旋得旋忘，動經年月不能讀誦，是善男子等有宿業障，未得銷除，故於大乘經典無讀誦性，如是之人聞地藏菩薩名，見地藏菩薩像，具以本心，恭敬陳白，更以香華、衣服、飲食、一切玩具供養菩薩，以淨水一盞，經一日一夜安菩薩前，然後合掌請服，迴首向南，臨入口時，至心鄭重服水既畢，慎五辛●、酒肉、邪婬、妄語及諸殺害，一七日或三七日，是善男子、善女人於睡夢中，具見地藏菩薩現無邊身，於是人處授灌頂水，其人夢覺即獲聰明，應是經典一歷耳根，即當永記，更不忘失一句一偈。

Ksitigarbha

地藏菩薩

十王圖 宋帝王

「復次，觀世音菩薩！若未來世有諸人等，衣食不足，求者乖願，或多病疾，或多凶衰，家宅不安，眷屬分散，或諸橫事多來忤身，睡夢之間多有驚怖，如是人等聞地藏名、見地藏形，至心恭敬念滿萬遍，是諸不如意事漸漸消滅，即得安樂，衣食豐溢，乃至於睡夢中，悉皆安樂。

「復次，觀世音菩薩！若未來世有善男子、善女人或因治生、或因公私、或因生死、或因急事，入山林中，過渡河海乃及大水，或經險道，是人先當念地藏菩薩名萬遍，所過土地鬼神衛護，行住坐臥永保安樂，乃至逢於虎狼師子，一切毒害不能損之。」

佛告觀世音菩薩：「是地藏菩薩於閻浮提有大因緣，若說於諸眾生見聞利益等事，百千劫中說不能盡。是故，觀世音！汝以神力流布是經，令娑婆世界眾生，百千萬劫永受安樂。」

爾時，世尊而說偈言：

吾觀地藏威神力，　　恒河沙劫說難盡，
見聞瞻禮一念間，　　利益人天無量事。
若男若女若龍神，　　報盡應當墮惡道，
至心歸依大士身，　　壽命轉增除罪障。
少失父母恩愛者，　　未知魂神在何趣，
兄弟姊妹及諸親，　　生長以來皆不識。

Ksitigarbha

地藏菩薩

十王圖 平等王

或塑或畫大士身，
三七日中念其名，
示其眷屬所生界，
若能不退是初心，
欲修無上菩提者，
是人既發大悲心，
一切諸願速成就，
有人發心念經典，
雖立是願不思議，
斯人有業障惑故，
供養地藏以香華，
以淨水安大士前，
發殷重心慎五辛，
三七日內勿殺害，
即於夢中見無邊，
應是經教歷耳聞，
以是大士不思議，
貧窮眾生及疾病，
睡夢之中悉不安，
至心瞻禮地藏像，
至於夢中盡得安，

悲戀瞻禮不暫捨，
菩薩當現無邊體。
縱墮惡趣尋出離，
即獲摩頂受聖記。
乃至出離三界苦，
先當瞻禮大士像，
永無業障能遮止。
欲度群迷超彼岸，
旋讀旋忘多廢失，
於大乘經不能記。
衣服飲食諸玩具，
一日一夜求服之。
酒肉邪淫及妄語，
至心思念大士名。
覺來便得利根耳，
千萬生中永不忘，
能使斯人獲此慧。
家宅凶衰眷屬離，
求者乖違無稱遂，
一切惡事皆消滅，
衣食豐饒神鬼護。

Ksitigarbha

地藏菩薩

十王圖 太山王

欲入山林及渡海，　　　毒惡禽獸及惡人，
惡神惡鬼并惡風，　　　一切諸難諸苦惱，
但當瞻禮及供養，　　　地藏菩薩大士像，
如是山林大海中，　　　應是諸惡皆消滅。
觀音至心聽吾說，　　　地藏無量不思議，
百千萬劫說不周，　　　廣宣大士如是力，
地藏名字人若聞，　　　乃至見像瞻禮者，
香華衣服飲食奉，　　　供養百千受妙樂。
若能以此迴法界，　　　畢竟成佛超生死，
是知觀音汝當知，　　　普告恒沙諸國土。

Ksitigarbha

地藏菩薩

十王圖　五道轉輪王

囑累人天品第十三

　　爾時，世尊舉金色臂，又摩地藏菩薩摩訶薩頂，
而作是言：「地藏！地藏！汝之神力不可思議，汝之
慈悲不可思議，汝之智慧不可思議，汝之辯才不可思
議，正使十方諸佛讚歎宣說汝之不思議事，千萬劫中
不能得盡。

　　「地藏，地藏！記吾今日在忉利天中，於百千萬
億不可說、不可說一切諸佛、菩薩、天龍八部大會之
中，再以人天諸眾生等，未出三界在火宅中者，付囑
於汝，無令是諸眾生墮惡趣中一日一夜，何況更落五
無間及阿鼻地獄，動經千萬億劫無有出期！

　　「地藏！是南閻浮提眾生，志性無定，習惡者
多，縱發善心，須臾即退，若遇惡緣念念增長，以是
之故吾分是形百千億化度，隨其根性而度脫之。

　　「地藏！吾今殷勤以天人眾付囑於汝。未來之
世，若有天人及善男子、善女人於佛法中種少善根，
一毛一塵、一沙一渧，汝以道力擁護是人，漸修無
上，勿令退失。復次，地藏！未來世中，若天若人隨
業報應落在惡趣，臨墮趣中，或至門首，是諸眾生若
能念得一佛名、一菩薩名、一句一偈大乘經典，是諸
眾生汝以神力方便救拔，於是人所現無邊身為碎地

Ksitigarbha

地藏菩薩

十王圖 都市王

❶虛空藏（Ākāśagarbha 或 Gaganagarbha）此菩薩如虛空能包藏一切功德，
故有此稱。

獄，遣令生天，受勝妙樂。」

爾時，世尊而說偈言：

現在未來天人眾，　　吾今殷勤付囑汝，

以大神通方便度，　　勿令墮在諸惡趣。

爾時，地藏菩薩摩訶薩胡跪合掌白佛言：「世尊！唯願世尊不以為慮，未來世中若有善男子、善女人於佛法中一念恭敬，我亦百千方便度脫是人，於生死中速得解脫，何況聞諸善事念念修行，自然於無上道永不退轉。」

說是語時，會中有一菩薩名虛空藏①白佛言：「世尊！我自至忉利，聞於如來讚歎地藏菩薩威神勢力不可思議，未來世中若有善男子、善女人，乃至一切天龍聞此經典及地藏名字，或瞻禮形像，得幾種福利？唯願世尊為未來、現在一切眾等略而說之。」

佛告虛空藏菩薩：「諦聽，諦聽！吾當為汝分別說之。若未來世有善男子、善女人見地藏形像及聞此經，乃至讀誦，香華、飲食、衣服、珍寶，布施供養，讚歎瞻禮，得二十八種利益：一者天龍護念，二者善果日增，三者集聖上因，四者菩提不退，五者衣食豐足，六者疾疫不臨，七者離水火災，八者無盜賊厄，九者人見欽敬，十者神鬼助持，十一者女轉男身，十二者為王臣女，十三者端正相好，十四者多生

Ksitigarbha

地藏菩薩

十王圖

天上，十五者或爲帝王，十六者宿智命通，十七者有求皆從，十八者眷屬歡樂，十九者諸橫銷滅，二十者業道永除，二十一者去處盡通，二十二者夜夢安樂，二十三者先亡離苦，二十四者宿福受生，二十五者諸聖讚歎，二十六者聰明利根，二十七者饒慈愍心，二十八者畢竟成佛。

「復次，虛空藏菩薩若現在、未來天龍鬼神聞地藏名，禮地藏形，或聞地藏本願事行，讚歎瞻禮，得七種利益：一者速超聖地，二者惡業銷滅，三者諸佛護臨，四者菩提不退，五者增長本力，六者宿命皆通，七者畢竟成佛。」

爾時，十方一切諸來，不可說不可說諸佛如來及大菩薩、天龍八部，聞釋迦牟尼佛稱揚讚歎地藏菩薩大威神力不可思議，歎未曾有。是時，忉利天雨無量香華、天衣、珠瓔，供養釋迦牟尼佛及地藏菩薩已，一切眾會俱復瞻禮，合掌而退。

阿彌陀佛
平安吉祥

A　m　i　t　ā　b　h　a

阿彌陀佛護佑我們脫離恐懼憂惱，
使慈悲心、智慧增長、長壽安樂。
若能心存善念，誠心誦持阿彌陀佛名號，
多作善行，不僅可以讓我們運途順暢，
求福得福，一切善願皆能如意。

03

Buddha
Family
守護佛菩薩

藥師佛
消災延壽

【附藥師咒教唸CD】
（梵音、藏音）

Bhaisajya-guru

藥師佛能護佑我們脫離各種疾病的痛苦，
使身體健康，壽命延長，遠離生命的災難、障礙、
最重要的是幫助我們去除病苦的根源──
心的根本煩惱，最終得到究竟的安樂。

05
Buddha
Family
守護佛菩薩

觀音菩薩
大悲守護主

附〈心經〉、〈普門品〉、
〈耳根圓通章〉白話語譯

附大悲咒（梵音、藏音）教唱CD

Avalokitesvara

觀音菩薩的悲心深重，

對濟度眾生的種種苦難有特別的願力與護佑，

因應各類有情眾生的需要，

觀音菩薩以種種身形來施行無畏的救度，

使我們不生起恐怖畏懼，

而得到無限慰藉與清涼。

準提菩薩
滿願守護主

附準提咒 教唸CD

C u n d i

準提菩薩守護我們豐饒財富

隨心所求,皆得滿足

增長福德智慧,並得諸佛庇護

儀容端正,言音威肅

祈求聰明,辯論勝利

夫婦敬愛,求得子嗣

治療疾病,延長壽命

滅除罪業,遠離惡鬼劫難

守護佛菩薩8

《地藏菩薩－大願守護主》

編　　著　全佛編輯部
插　　畫　明星
執行編輯　吳霈媜
封面設計　張士勇工作室
出　　版　全佛文化事業有限公司
　　　　　訂購專線：(02)2913-2199
　　　　　傳真專線：(02)2913-3693
　　　　　發行專線：(02)2219-0898
　　　　　匯款帳號：3199717004240 合作金庫銀行大坪林分行
　　　　　戶　　名：全佛文化事業有限公司
　　　　　E-mail：buddhall@ms7.hinet.net
　　　　　http://www.buddhall.com
門　　市　新北市新店區民權路95號4樓之1（江陵金融大樓）
　　　　　門市專線：(02)2219-8189
行銷代理　紅螞蟻圖書有限公司
　　　　　台北市內湖區舊宗路二段121巷19號（紅螞蟻資訊大樓）
　　　　　電話：(02)2795-3656　傳真：(02)2795-4100

初　　版　2002年08月
初版三刷　2016年08月
定　　價　新台幣250元
I S B N　978-957-2031-18-6（平裝）
版權所有・請勿翻印

國家圖書館出版品預行編目資料

地藏菩薩 / 全佛編輯部編著. 初版. --
臺北市：全佛文化, 2002[民91]
面；　公分. -（守護佛菩薩；8）

ISBN 978-957-2031-18-6 (平裝)

1.菩薩
229.2　　　　　　　　　91013481